SNSカウンセ
実務 導入から支援・運用まで

浮世 満理子 著
一般社団法人全国心理業連合会 代表理事
株式会社アイディアヒューマンサポートサービス 代表取締役

杉原 保史 監修
京都大学学生総合支援センター長・教授

一般財団法人全国SNSカウンセリング協議会 協力

日本能率協会マネジメントセンター

はじめに

かつて、私たちの社会において、移動手段は長い間、馬でした。私たちは馬を使いこなす技術が何よりも求められていました。

ところが、車や列車の開発で私たちの社会は今までに見たことのない新しい形になりました。馬を使う技術ではなく、車を使う技術が求められるようになりました。

それから、数百年の時を経て、人間が使いこなせる道具は、いまや宇宙に進出し、手のひらの中の小さな道具で世界中の人とつながれるようになりました。

手段が変われば、コミュニケーションはどんどん変わっていきます。

私が心理カウンセラーとして日本で活動して約30年。かつて学んだカウンセラーとしての技術だけでは、これからの心のケアの活動は難しいと感じていました。それは、「人と直接会ったり、電話で話したりしてもなかなか本音は話せないけれど、文字だけの短文SNSだったら自分の本音が話せる」という人たちがとても多くなってきたからです。

上記は、世代のギャップというよりも、先に述べた科学の進化により私たちのコミュニケーションが変わってきたからだと思います。

この30年で、私たちのコミュニケーションは大きく変わりました。社会的な構造、ネットワーク環境の進化など、コミュニケーションの手段が変われば、私たちの心の表現や人とのつながりもまた変化します。

SNSをはじめとするインターネットの進化は、情報を検索したり動画やゲームを楽しんだりという一方的なものから、多くの人と匿名でつながり双方向のコミュニケーションを行う時代になりました。

そのなかで誕生したのが、今回ご紹介するSNSを使って心のケアやサポートを行うSNSカウンセリングです。

2018年以降、文部科学省のいじめ相談、厚生労働省の自殺対策相談、法務省の人権相談など多くの省庁や全国の自治体でSNSの相談窓口が広がっています。電話相談の何十倍もの相談件数があるSNS相談は、今や、行政の相談窓口でなくてはならないものになりつつあります。

そして、SNSカウンセリングのもつ可能性は、自治体や省庁などの機関による「SNSに慣れた若者たちの有益な相談窓口」だけに限りません。

たとえば、LINEの利用者は8,500万人を超え、10代から60代以上の多くの人が利用するプラットフォームです。LINE相談は多くの国民にリーチできる相談手段だと言えます。

児童虐待では、被害に遭う子どもはもちろんのこと、SNS世代である親た

ちのストレスケアやサポートを行うこともできます。DVや性被害などの相談しづらい内容でも、匿名で、かつ、同居人が加害者である場合でも、声を立てずに相談できるという利点もあります。

また、産業界でもSNS相談の取り組みが始まっています。

企業内では、若手社員たちのメンタルヘルスやモチベーションアップのSNS相談。塾やスポーツなどの指導者が子どもたちに行う心のサポートとコーチングを同時に提供する、SNSメンタルトレーニング。お客様の要望に応えたり、クレームなどの問題解決をはかったりするために、専門の訓練を積んだSNSカウンセラーたちが対応することもあります。

相談員の経験値が足りなくても複数人のカウンセラーが担当したり、経験の高いスーパーバイザーがサポートしたりすることで、相談のクオリティを一定のレベルに保ったまま、専門性の高い相談を受けることも可能になりました。

また、相談の前後で属性やアンケートをとったり、テキストデータを分析したりすることにより、相談活動はさらにレベルが上がり、多くのニーズに応えられるようになってきています。

行政や民間企業の発想と工夫で、今までにない心のサポートが可能になってきたのです。

また、その変化は、相談員である心理の専門家たちにも大きな変化をもたらしています。

プロフェッショナル心理カウンセラーや産業カウンセラー、キャリアコンサルタントなど社会経験豊かな心理の専門家たちが、SNSカウンセリングの実務的な研修によって、SNSカウンセラーとして活動していくことができています。それらは、「日本ではプロの心理職になっても仕事ができない」と、かつて言われていた日本の心理カウンセラーたちの活躍の場を一気に広げています。

特に、在宅でも仕事ができる形態を作り上げたSNSカウンセリングは、都市部だけでなく地方の心理カウンセラーたちの活動の場を一気に広げました。今やSNSカウンセリングは、数十億規模の経済活動にもつながり、さらに広がりを見せています。

今回は、初めてSNSカウンセリングを導入したいけれど何から手をつけていいのかわからないというたくさんのご要望をいただき、わかりやすいSNSカウンセリングについてのガイドラインとしてまとめてみました。

また、SNSカウンセラーとして活動したい心理カウンセラーに関しても、SNSカウンセラーの資格や活動イメージを理解してもらいたいと思いました。今まで私たちが展開してきたSNSカウンセリングを、なるべく多くの実

例を挙げながらご紹介させていただいたつもりです。

　そして、SNSカウンセリングは、日々進化を続けています。SNSコミュニケーションが変われば、またそれに沿ったSNSカウンセリングが誕生していくと思います。それらの取り組みにも全力で力を注ぎながら、毎日、SNSカウンセリングを通じて、多くの仲間たちとともに相談者の皆様の心に寄り添えることに、心より喜びを感じています。

　全国SNSカウンセリング協議会のメンバーの皆様、そして何よりも、日ごろよりSNSカウンセラーたちをご指導いただき、今回の監修をお引き受けくださった京都大学教授の杉原先生に、心より感謝申し上げます。

●一般財団法人全国 SNS カウンセリング協議会

　2017 年に設立された全国 SNS カウンセリング協議会は、心理カウンセラーの団体や IT 事業者などが加盟する日本での唯一の SNS カウンセリングの業界団体。SNS カウンセラーの資格発行を行う。

　TEL：050-3649-6056　URL：promosmca@gmail.com

●一般社団法人全国心理業連合会

　全国の心理関連の加盟団体から形成される心理カウンセラーの業界団体。

　医師、看護師、介護士、公認心理師、心理職カウンセラー養成団体卒業生など立場を超えて、プロフェッショナルの心理職として活動するカウンセラー団体。

　当団体が発行するプロフェッショナル心理カウンセラー資格は 2019 年度より SNS カウンセラー資格を有することが義務付けられている。

　TEL：03-3400-3737　URL：info@mhea.or.jp

一般社団法人全国心理業連合会　代表理事
株式会社アイディアヒューマンサポートサービス　代表取締役
浮世　満理子

目次

SNSカウンセリングの実務
導入から支援・運用まで

第4節 SNSカウンセリングの課題

第5節 SNSカウンセリングのメリットとデメリット

第6節 SNSカウンセリングの可能性

第2章

SNSカウンセリングの実際

第1節 導入の基本姿勢

第3章
SNSカウンセリングの意義・展開

第1節 アカデミックな視点から見たSNSカウンセリング

巻末資料：

第2章　SNSカウンセリングの実際

第1節　導入の基本姿勢

　（取材協力）東京メンタルヘルス株式会社　武藤収　専務取締役

　　　　　　　NPO法人東京メンタルヘルス・スクエア　新行内勝善　カウンセリング

　　　　　　　センター長

第2節　事例①京都アニメーション放火殺人事件

第3節　事例②SNS誹謗中傷等心のケア相談

第4節　事例③自治体・教育委員会でのLINE相談

第5節　事例④SNSカウンセリング〜ココロの健康相談

第6節　事例⑤大阪北部地震　心のケア

第7節　事例⑥DAIDO Heart@LINE

第8節　事例⑦JSここメン（LINEチャット）

第9節　事例⑧ひきこもり生きづらさココロゴトSNS相談

　（取材協力）一般社団法人全国心理業連合会　髙溝恵子　理事・事務局長

第10節　SNSカウンセリングのプラットフォーム例

1．SNS相談・通報サービス

　（取材協力）アディッシュ株式会社　江戸浩樹　代表取締役

2．つながる相談

　（取材協力）エースチャイルド株式会社　西谷雅史　代表取締役CEO

3．匿名報告相談プラットフォーム「STOPit」

　（取材協力）ストップイットジャパン株式会社　谷山大三郎　代表取締役

4．KANAMETO

　（取材協力）トランスコスモス株式会社　奥田昌孝　代表取締役社長兼COO

第3章　SNSカウンセリングの意義・展開

第1節　アカデミックな視点から見たSNSカウンセリング

　（取材協力）京都大学　学生総合支援センター　センター長　杉原保史　教授

第2節　SNSカウンセリング誕生の原点

　（取材協力）一般財団法人全国SNSカウンセリング協議会　江口清貴　代表理事

第3節　産業医から見たSNSカウンセリング

　（取材協力）合同会社DB-SeeD　神田橋宏治　代表・産業医

第5節　SNSカウンセリングに寄せて

1．企業の中でのSNSカウンセラーの相談業務

　（話者）一般社団法人日本産業カウンセラー協会　小原新　会長（全国SNSカウンセリ

　　　　　ング協議会　産業部会長）

2．これからの相談業務への姿勢

　（話者）ダイヤル・サービス株式会社　今野由梨　代表取締役社長

第1章

SNSカウンセリング
とは何か

SNSカウンセリング誕生の背景

1. SNSの誕生と発展

「SNSカウンセリング」のSNSとは、Facebook、Twitter、LINEなどに代表されるソーシャル・ネットワーキング・サービス（Social Networking Service）のことです。

Facebookが初めてサービスを開始したのは2004年のことですが、以後、2006年にはTwitterが誕生しました。LINEは、2011年の東日本大震災において家族や友人の安否を確認したくても、電話がつながらずメールも届かないという状況を多くの人が経験したことをきっかけに、大切な人たちと連絡が取り合えるように開発されたと言われています。いずれも「人と人をつなぐ」という目的で、10数年の間に急速に発達したコミュニケーション手段です。

さらに、2007年にApple Inc.がスマートフォンのiPhoneを発売、世界的に大ヒットしました。そして、多くの人が従来の携帯電話からよりインターネットとの相性のよいスマートフォンに切り替えていきました。その結果、スマートフォンを用いSNSを駆使すれば多くの人が「いつどこにいてもたくさんの人と簡単につながる」ことができるようになったのです。

なかでも、生まれたときから身近にコンピュータや携帯電話があった10代・20代の人にとって、スマートフォンでSNSを使ってコミュニケーションを取ることは、ごく当たり前になりました。「電話で話をする」「会って直接会話をする」ことこそがコミュニケーションであると考える世代とは、「人と人の関係」や「人とのつながり方」もまるで違うものになっているのです。

2.　SNS上の悩み相談

　これほどの変化が起きれば、心理カウンセリングの世界でも変化が起きるのは当然のことと言えます。ところが、どれほどSNSが発達し、学生や若い世代のコミュニケーションの場がSNSに移っていったとしても、たとえば、行政機関による中学生・高校生のための悩み相談は、昔ながらの「電話相談」ばかりでした。

　しかし、今の若い人にとって電話を掛けることは「なじみのない」行為であり、当然のことながら、行政機関が期待するほどには相談の電話は掛かってきませんでした。それでは、今の若い人に悩みがないのかと言うと、もちろんそうではありません。むしろ、悩みのある若い人は昔以上に増えています。ただし、その悩みを打ち明ける相手は「電話相談」の担当者ではなく、「SNS」上で知り合った「どこの誰かわからない人」になっているのです。

　聞いたところによると、SNSを使って、『17歳、女子、家出したいです』と書き込んだところ、またたく間に大量の返事が返ってきたということです。返事の内容というのは、『今日、泊めてあげるよ』といったものがほとんどであり、返事につられて会いに行ったとすると、誘拐や監禁につながるケースさえあり得ると考えられます。昔は、人を誘い出して誘拐や監禁をするのは反社会的勢力に属する人など特殊な人たちに限られていました。しかし今は、どこにでもいるような普通の人たちが、何となく家庭でつらい思いをしている子たちとSNSを通じて簡単に知り合います。そして、そのなかには、親切に悩み相談に乗る振りをして、性加害に及ぶケースや、誘拐・監禁に至るケース、最悪の場合には殺害に至るケースさえ出てきています。

　つまり、今の若い人たちは、多くの悩みを抱えているにもかかわらず、身近な家族や友人、教師に相談すること、ましてや行政機関の電話相談に電話を掛けることなど、頭に浮かばないのです。これらの手段よりも、SNSを通じて「どこの誰かわからない人」に相談をして、ときに事件に巻き込まれるということが起きているのです。

若い人の現状をよく知る人たちからは、以前からも、若い人、特に、中学生・高校生を対象にした悩み相談を、SNSで行う必要があるのではないかという提言も出ていましたが、実現することはありませんでした。行政機関の施策というのは、「前例踏襲」になりがちであり、どこの誰も行っていないことを始めることはほとんどありません。心理カウンセリングの専門家の間でも、SNSの相談に対しては慎重な意見や、むしろ否定的な意見も多く、誰も「最初の一歩」を踏み出そうとはしませんでした。

３．SNSを利用した犯罪

　SNSによる相談の議論の間も、若い人たちのいじめや自殺などの事件は続いていましたが、そのさなかに起きたのが、2017年10月に発覚した「座間9遺体事件」でした。

　本事件が衝撃的であったのは、犯罪にSNSの代表的ツールの１つであるTwitterが利用されたことです。「座間9遺体事件」は日本ではもちろんのこと、海外でも報じられ、Twitterの利用規約の変更などにもつながっていったところに大人たちの驚きを見ることができます。

　加害者AがTwitterを通して自殺願望を持つ被害者たちと交流するようになったのは、2017年3月のことと言われています。Aは複数のTwitterのアカウントを持ち、自殺志願者に自殺の方法などを助言するような投稿をしたり、『死にたい』と書き込んだ人に対しては個別のメッセージを送るなどしたりして、被害者たちと知り合ったと言われています。そして、被害者たちを次々と誘い出しては殺害したというのが本事件の概要ですが、「座間9遺体事件」に衝撃を受けた日本政府は、2017年12月、次のような対策を発表しています。

①SNS等における自殺に関する不適切な書き込みへの対策
②インターネットを通じて自殺願望を発信する若者の心のケアに関する対策
③インターネット上の有害環境から若者を守るための対策

「座間 9 遺体事件」と日本政府の対策によりはっきりしたのは、今の若い人にとって「死にたい」といった深刻な悩みを打ち明け相談する場はSNS上にしかなく、悩みの解決策もSNS上にしかないと思い込んでいるという事実です。

同時に、悩みをSNS上で打ち明ける若い人たちを狙うサイコパス（反社会性パーソナリティ障害者）も大勢います。悩みを相談する相手を間違えると、誰もが「座間 9 遺体事件」の被害者になりかねないというのが、今という時代なのです。

身近な知り合いが自殺に追い込まれたときなど、しばしば口にするのが『どうして相談してくれなかったんだろう』『ひと言伝えてくれれば何かできたかもしれないのに』という言葉です。学校の教員も、会社の上司も、また、行政機関の相談窓口担当者や心理カウンセラーも、同じような感想を口にします。たしかに、そこに嘘はないのですが、悩みを抱える若い人たちが、これらの「善意の人たち」とつながる手段がどこにも見つけられないからこそ、SNSを使って「どこの誰かわからない」けれども、「親身になって相談に乗ってくれる振り」をする人たちに悩みを打ち明けているのです。

つまり、一方に悩みを抱えるたくさんの人がいて、もう一方に相談窓口担当者や心理カウンセラーのような悩みの解決に力を貸すことができる人がいながら、その間をつなぐ手段がなかったという状況だったのです。

取り組むべきは、なじみのない「電話相談」について『遠慮なく電話を掛けてください』とPRすることではなく、今の若い人たちにとって当たり前になった、「電話以外の相談できる手段」を用意することだったのです。

4. SNS相談の試行

実は、「座間 9 遺体事件」が発覚する少し前に、悩みを抱える若い人たちと、行政機関や心理カウンセラーをつなぐ新たな試みも始まってい

ました。

　当時、子どもたちのいじめや自殺といった問題に、行政機関としてしっかりと対応をしていくべきという認識があり、すでに、いじめの電話相談などのさまざまな窓口が全国各地にできていました。しかし、前述のとおり、電話はほとんど掛かってきませんでした。そして、依然としていじめや子どもたちの自殺という問題は存在し、むしろ増える傾向にありました。これを何とかしなければならないということから、京都大学教授の杉原保史先生をはじめ、のちの一般財団法人全国SNSカウンセリング協議会の主要メンバーたちが、「とにかく一度やってみよう」ということで、SNSカウンセリングに向けて動き出しました。

　まず、2017年8月、長野県とLINE株式会社が「LINEを利用した子どものいじめ・自殺対策に関する連携協定」を締結し、長野県が主体となり、トランスコスモス株式会社、LINE株式会社、公益財団法人関西カウンセリングセンターが協力して、9月10日〜23日までの2週間、毎日4時間（17時〜21時）、県下全域の中学生・高校生約12万人を対象としてLINE相談を受ける「ひとりで悩まないで＠長野」を実施しました。

　2週間という短期間の試みでしたが、相談専用アカウントには1,579件のアクセスがあり、そのうち547件の相談に対応しました。これは2016年に長野県が1年間に受け付けた電話相談259件を大幅に上回るものであり、今の子どもたちには、電話よりもSNSの方がはるかに身近で相談しやすいことを実証することとなりました（**資料1**）。

資料1　「ひとりで悩まないで@長野」結果概要

(1)相談件数等

登録カード配布対象者数	約12万人
うち登録者数累計(9/23)	3,817人
相談アクセス数 (時間内)	1,579人
相談対応実績[2週間]	**547件**

電話による
子どもからの相談件数
= **259件**(H28年度・**年間**)
(学校生活相談センター)

(2)相談内容

主　　訴	件数	割合(%)	H28 電話(%)
いじめに関すること	45	9.8	28.2
不登校に関すること	3	0.7	3.9
交友関係・性格の悩みに関すること	119	26.0	36.3
学校・教員の対応に関すること	45	9.8	15.8
家族に関すること	27	5.9	8.5
その他(学業、恋愛に関することなど)	219	47.8	7.3
小　　　計	458	100.0	100.0
ひやかし等	89		
合　　　計	547	－	

（出典）長野県教育委員会「LINEを利用したいじめ・自殺相談の結果について」平成30年5月

　寄せられた相談内容は、「いじめに関すること」以外にも「不登校に関すること」「交友関係・性格の悩みに関すること」「学校・教員の対応に関すること」「家族に関すること」など多岐に渡りました。相談内容も、電話相談に比べて多様化したことも、子どもたちにとってSNSが、身近な気軽に相談に使えるツールとして認識されていることを表しているものと推測できます。つまり、電話相談に比べてSNS相談は、「一人で悩む」ことの多い子どもたちの中に潜んでいた「誰かに相談したい気持ち」を掘り起こすことができたといえます。早期に子どもたちの「悩みの芽」を見つけ出し、さらに、摘み取ることができれば、深刻な事態に陥ることを回避できます。この点からも、SNS相談の持つ可能性を再確認できたのではないでしょうか（**資料2**）。

　もちろん、SNS相談には、「共感・寄り添い」の態度を伝えることが難しい、緊急時などには電話に切り替えて相談を継続する仕組みの構築など、解決すべき課題もあります。しかし、SNS相談の持つ身近さや気軽さが子どもたちの「悩みの芽」の早期発見・摘み取りに効果的なことがわかった以上、今後の本格導入への期待が一層高まることとなったのは確かです。

5 SNS相談結果の考察

　何でもそうですが、新しい試みというのは反対する人の方が多いものです。そもそも日本では、SNSカウンセリングを誰も行ったことがなく、実際にどれだけの人が利用してくれるのか、どのような相談が来るのか、本当に効果があるのかは誰にもわかりませんでした。ただし、著者は、1990年代から毎年海外の研修に参加し、最新のカウンセリング情報

を交換していました。そのなかで、アメリカ合衆国では、すでに2013年頃から、チャット相談が広範囲で実践されていることがわかっていました。さらに、2018年には、ニューヨーク州を訪問し、具体的な実践の様子を見聞きしていました。

　「ひとりで悩まないで＠長野」は、日本の行政機関による初めてのSNSカウンセリングとなりました。電話とはまったく比べものにならないぐらい多くのアクセスが来たということがSNSカウンセリングの有効性を実証し、その後の広がりにつながっていったのです。

　「前例がないから」「失敗したら困るから」と手をこまねいていれば、その間にも多くの子どもたちは、悩みを抱えて苦しみ続けなければなりません。場合によっては、「座間9遺体事件」のような被害者が生まれるかもしれません。失敗を恐れて何もしないのではなく、たとえ失敗の可能性があったとしても、まずは始めてみて、その結果をもとにして「よりよい方法」を見つけていく方がはるかに建設的なのです。

　そして、実行した結果、電話での相談では躊躇する子どもたちも、LINEという日頃なじみのあるツールであれば、気軽に相談することができたのです。

6.　心理カウンセラーの課題

　もちろん心理カウンセラーにとっても、SNSを使ったカウンセリングは初めての経験です。対面での相談や電話での相談には十分な経験を積んでいても、SNSを通じた心理カウンセリングは多くが初めてであり、驚くことも少なくありませんでした。

　自治体でのいじめ相談や自殺相談では、相談期間中は初日から最終日までほぼフル稼働となり、多くの中学生・高校生と有意義なやり取りができ、たくさんの『ありがとう』をいただくこともできました（**資料3**）。それまでSNSカウンセリングに懐疑的であったカウンセラーや多くの専門家にとっても今後の可能性を感じさせる非常に貴重な体験となったのです。

資料3 SNS相談の例

 SNSカウンセリングへの展開

　心理カウンセラーたちが自治体と共に試みを行っているさなかに起きた「座間9遺体事件」により、行政機関や専門家たちもSNSを無視することはできなくなりました。今後、同様の事件を防ぐためにもSNSによる自殺予防のための相談や、子どもたちのいじめ相談などに本格的に取り組むことが求められるようになったのです。

　そのような流れの中、2017年12月、一般財団法人全国SNSカウンセリング協議会が設立されました。協議会では、SNS事業者やカウンセラー、

研究機関や教員などが幅広く連携して、SNSカウンセラーのスキルの向上、SNS相談のノウハウの研究や品質向上、普及などに努めることとなりました。具体的には、SNSカウンセラー養成のための研修会やSNSカウンセリングシンポジウムの開催、SNSを利用した相談事業などを実施しています。

　今の時代、若い人だけでなく多くの人が、悩みを抱えながらどこに相談していいかわからないまま、懸命に日々を生きています。悩みというのは大小さまざまであり、誰かに聞いてもらうだけでも気持ちが楽になるケースもあれば、行政機関や法律の力を借りなければ解決できないものもあります。しかし、まずは「気軽に相談できる窓口」を、できるだけ幅広く用意していくことが必要です。

　悩みを抱える人のニーズに応えることは、社会にとっても、行政機関にとっても、SNSサービスを提供する企業にとっても、さらには心理カウンセリングの専門家にとっても、急ぎ取り組むべき課題と言えます。そのなかで全国SNSカウンセリング協議会が誕生したことは、最初の大きな一歩と言えます。SNSカウンセリングを世の中に定着させていくことこそ、「生きづらい社会をよりよい社会へと変えていく」ための大切な基盤整備なのです。

第1章　SNSカウンセリングとは何か

第2節 SNSカウンセリングの誕生後の展開

 1. 全国SNSカウンセリング協議会の取り組み

　2017年12月に一般財団法人全国SNSカウンセリング協議会が設立されたことで、それまで必要性が訴えられながらも、なかなか実現してこなかったSNSカウンセリングが注目を集めることとなりました。

　その後間もなく、2018年2月に厚生労働省の「平成29年度自殺防止対策事業（追加公募分）」に全国SNSカウンセリング協議会が採択され、自殺対策SNS相談を受託しました。そして、LINEを利用した「SNSカウンセリング〜ココロの健康相談」として、2018年3月1日〜3月31日の期間中、毎日4時間（18時〜22時）実施していくこととなりました（**資料4**）。

資料4　SNSカウンセリング〜ココロの健康相談「相談画面イメージ」

　その結果、第１章第１節で述べた長野県での試みと同様に、LINEの
アカウントには１か月で３万件を超える友だち登録がありました。さら
に、相談期間が終わっても、続々と友だち登録が増えて、最終的には７
万件くらいにまでになりました。厚生労働省というなじみの薄く非常に
硬い行政機関が実施する、そのうえ、自殺対策という限られた相談窓口
だったにもかかわらず、相談件数や友だち登録が非常に多かったので
す。この事実からも、電話というツールでは言えないことがたくさんあ
ること、言えないことを抱える人たちがSOSを出すツールとしてSNSは
非常に有効なツールなのではないかということを、改めて認識すること
となりました。

 ## 2. 行政の取り組み

　「SNSカウンセリング〜ココロの健康相談」と同時期の2018年３月、
文部科学省も「平成29年度文部科学省補正予算案」のなかで「SNSを活
用した相談体制の構築」に２億円の予算を付けて、全国30の自治体で
SNSを使ったいじめ相談の窓口を設けました。これが現在、全国の教育
委員会で広がっていっている「子どもたちのいじめ相談」ですが、ここ
でも電話では絶対に相談してこないような子どもたちが続々と相談をし
てきています。

　2018年４月１日〜12月31日の実施時には、11,000件を超える相談が寄
せられました。相談内容は、友人関係の悩み（2,418件）が最も多く、
学業・進路の悩み（1,086件）、いじめ問題（1,066件）と続きます。さら
に、特に理由はないが何となく生きているのが苦痛というメッセージ
（希死念慮）もありました。SNSで相談を受けた後は、120件が電話や対
面相談に移行、21件が支援機関につながっており、心理的ハードルが低
いSNSでの相談から、適切な相談機関へとつなぐ役割も担っていること
が推察されました（**資料５**）。今後もさまざまなことを相談できるチャ
ンネルとして継続される予定です。

資料5 警察に緊急通報した事例

> A県におけるSNS相談において、高校2年生から薬物を大量摂取したとのトークが入り、委託事業者から県教育委員会に連絡が入った。
>
> 県教育委員会はトークの様子から、生徒の意識が朦朧としていることを推測し、助けを求める内容もあったことから緊急性があると判断し、警察へ連絡した。
>
> 警察が生徒宅へ緊急に訪問し、安否確認ができたことから大事には至らなかった。

（出典）文部科学省児童生徒課「SNS等を活用した相談体制の構築事業に係る自治体の取組状況（概要）」平成31年3月25日

 ## 3. 自治体の取り組み

　2018年以降、厚生労働省や文部科学省がSNSを使った心理カウンセリングを始めたことで、各自治体も同様の試みを始めることとなりました。これまで電話を使ってさまざまな相談を受けられるようにしたものの、窓口が電話だけでは無理があると多くの人が気づいたのです。そして、今の子どもたちや若い人にとって非常になじみのあるSNSによる相談窓口を設けることこそ、重要な取り組みであると考え始めたのです。

　さらに、同時期2018年3月、「目黒女児虐待事件」が起きました。そして、本事件を受け、同年6月、東京都知事が児童相談所の人員追加や警察との情報共有拡大などの体制強化に努める考えを表明しました。またその際、SNSを使って虐待の相談を受けるというメッセージを発信しました。都知事のメッセージを聞いて著者が有益と感じたのは、児童にもSNSを使わせるということ以上に、加害者になり得る親たちがSNS世代であり、親世代を支えるうえでSNSカウンセリングは大きな力になれるのではないかということでした。

　幼い子どもを抱える親の多くは20代と若く、さらに、再婚者やシング

ルマザーという境遇にあれば、家庭内で閉塞しがちです。外とのつながりがなくなることで、ドメスティック・バイオレンス（DV）や虐待に走るケースが少なくありません。また、たとえば、父親が子どもに非常に残酷な折檻をしているのを見て、母親は「これはいけない」「やめさせたい」と思ってはいても、結局、怖くて声が上げられないまま共犯者となってしまうケースが目につきます。そのとき、SNSというSOSを出せるツールが身近にあると、閉塞状態の母親などにも非常に有効だと感じたのです。

　最近では、虐待やDV、ひとり親の抱える悩みなどに関してさまざまな自治体での相談窓口を担当していますが、特に神奈川県などは非常に幅広く相談窓口を設けていて、それぞれが非常に機能しているように感じています。

SNSカウンセリングの活用

1. カウンセリングの有効性

　SNSを使った相談窓口の設置が、多くの人が抱える悩みを解決するうえで非常に有効だとわかってきたことで、2018年以降、約3年間でさまざまな分野での相談窓口の設置が増えてきました。

　SNSカウンセリングは、「生きづらさの解消」や「日々の困りごとの相談」など、さまざまな課題に対して効果を期待できますが、なかでも体験してみて有効だと感じているのが以下の2つです。

①企業での利用

②非常時・災害時の利用

　本節では、SNSカウンセリングの今を知るうえで特長的なものとして、上記の2つについて説明します。

2. 企業での利用

　行政機関や各自治体がSNSカウンセリングの設置を進めてきたことで、今の若者たちは電話ではなくSNSで相談をするという認識は、かなり浸透してきました。ここで、企業で働く人にも目を向ける必要があると考えています。たとえば、効果があると感じているのは、自殺・過労死対策や離職防止へのSNS活用です。

⑴自殺・過労死対策

　残業が非常に多い人や、精神的に負担が掛かっている人たちの話を聞くと、長い間心を病んでいて鬱状態になっているにもかかわらず、休職したり退職したりするのではなく、頑張り続けている人が少なくありません。本来なら仕事を続けることは無理なはずなのに、「休めない」「私がいないとだめだ」と言って頑張ってしまうのです。つまり、メンタル

が弱いからではなく、残業が多く睡眠時間が削られて疲れ切っているのに頑張ってしまう、メンタルが強めの人の方が鬱状態に追い込まれる傾向があるのです。

　頑張り続けている人たちにカウンセリングを行うと、相談者から『今日はちょっと仕事を休みたいなと思ったら、駅のホームの端にいることに気づき、ここから一歩、電車が来たときに前に出れば休めるという気持ちになった』という話を聞くことがあります。別に死のうと思っていなかったにもかかわらず、ふとした瞬間に思ったということです。こうした人たちは非常に疲れてはいても、目に見える病気にかかっているわけではないため、本人も周りも気づきにくいという点に特徴があります。

　昔は鬱病を「怠け病」と揶揄する声がありましたが、鬱病になる人や自殺を選ぶ人というのは、怠けているのではなく、むしろ頑張りすぎているのです。また、心の病気になっても、自分を責めたり休めない状況に追い込んだりする傾向にあります。反対に、『仕事やりたくない』と言えたり、実際に仕事を休んだり、周囲に愚痴を言って気持ちを紛らわせたりすることができる人の方が、深刻な状態になりにくいでしょう。

　「周りが気づきにくい、しかし疲れている人」も、SNSであれば「死にたい」「明日、会社に行きたくない」といった気持ちを発信できるかもしれません。そして、SNSを通じてSOSがキャッチできれば、相談へのつながりが生まれるのではないかと考えています。もちろん、周りの人からのケアが一番望ましいのですが、突然訪れる鬱病・自殺のサインは、周りの人も気づきようがありません。SNSであれば、緊急の事態のサインにも瞬時にアクセスができ、非常に効果があると考えています。

(2)社員のモチベーションアップ

　社員のモチベーションアップに関しては、株式会社アイディアヒューマンサポートサービスが大同生命保険株式会社で実施した事例があります。ある一定の成果は上がっており、特に若い世代には非常に効果が見られます。

　大同生命保険では、これまでも若手職員の「不安・悩み」の軽減やモ

チベーションの向上のために人事部門の役職者が「メンター」となる制度がありました。そして、定期ガイダンスによって業務の習得度合いや職場環境の状況を確認することで、新入社員の不安を早期に取り除き、安心して働ける職場環境の整備に努めてきました。

　メンター制度は、自分の身近に頼れる存在がいることで安心感の醸成につながります。しかし、若い世代には、SNSで顔の見えない人の方が相談しやすいと思う人も多いのです。また、メンターは職場のことはともかく、心理カウンセラーやメンタルトレーナーのようなメンタルについての専門家ではないため、こうした面のサポートは難しいということもありました。そこで、2019年8月に誕生したのが、SNSを活用した相談サポート「DAIDO Heart@LINE」です。

　目的は、外部の専門メンタルトレーナーによる相談サポートを通じて「不安・悩み」の一層の軽減を行うことと、SNSという匿名性の高いツールを使うことで相談者が本音で相談できるようにすることでした。さらにもう一つ、文字に書き起こすことで、相談者自身が悩みや不安について整理ができるようにするということでした（**資料6**）。

資料6 DAIDO Heart@LINEのサポート体制

DAIDO Heart@LINE
（外部の専門メンタルトレーナーによる相談サポート）

職場での教務指導
部門育成
OJT

職場外でのサポート
メンター制度
・入社1年目対象
・概ね2ヵ月に1回
集合研修等

若手内務職員

（出典）大同生命保険株式会社「SNS産業カウンセリングシンポジウムパネルディスカッション」（令和2年11月26日）資料

　当初は、主に入社1～3年目の職員を対象にスタートしましたが、2020年4月に発令された緊急事態宣言の際は、新型コロナウイルス感染症（COVID-19）拡大の不安軽減という意味からも、全内務職員に拡大しています。「DAIDO Heart@LINE」での取り組みを続けた結果、さまざまな相談が寄せられ、「この相談があってよかった」「感謝します」という声も寄せられるようになりました。さらに、大同生命保険側からは、すぐに相談できる窓口である「DAIDO Heart@LINE」の充実に向け、より登録者数を増やしていきたいという声をいただいています。

⑶業界・業種特有の悩み相談

　公益社団法人全国老人福祉施設協議会では、「令和2年厚生労働省介護保険事業費補助金事業」により、介護従事者向けサイト「JSここメン（JSこころメンテ）」でLINEチャットによる相談窓口を設け、全国の介護施設の職員の支援を行っています。ここには、当初の予想をはるかに超える件数の相談が寄せられてきています。2020年10月1日開設以来、2021年3月31日までの相談件数は668件、そのうちLINEチャットによるものは600件（89.8％）となりました。

　介護施設といった職場環境では個人の悩みが内へ向いていき、誰にも相談できない孤立感が事態を悪くしていきます。SNSを使って匿名で外にいる誰かとつながることができ、SOSが出せるというのは、非常に意義のある支援と考えています（**資料7**）。

資料7 JSここメン（JSこころメンテ）のLINEチャット相談の初動・利用状況

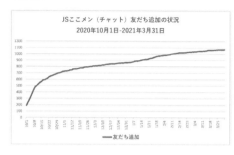

JSここメン（チャット）友だち追加の状況
2020年10月1日-2021年3月31日

━━ 友だち追加

2020年10月－2021年3月相談者のアンケート回答

2.今日の相談は役に立ちましたか？

項目	件数	%
役に立った	127	78.9%
どちらでもない	26	16.1%
役に立たなかった	8	5.0%
合計	161	100%

3.相談していかがでしたか？

項目	件数	%
解決した	14	8.7%
解決したわけではないが、改善に向かえると思う	95	59.0%
わからない	42	26.1%
改善に向かえると思えない	10	6.2%
合計	161	100.0%

（出典）公益社団法人全国老人福祉施設協議会

　特に、2019年12月以降、新型コロナウイルス感染症拡大のなかで、すべての人にとってストレスやメンタルへのダメージが非常に強くなっています。たとえば、テレワークによって、職場から切り離され孤立感を覚える人もいれば、子どもも含めて家族が同じ場所で長時間過ごすことでかえってストレスが増えたという人もいます。孤立している人や家族へのストレスを感じている人たちにとっても、SNSを使ってもっと気軽に相談できる場所があれば有益なはずです。

 非常時・災害時の利用

⑴ダイヤモンド・プリンセス号「心のケア相談」（LINE相談と電話相談）

　新型コロナウイルス感染症に対する関心を一気に高めたものに、2020年1月下旬に報じられたダイヤモンド・プリンセス号の乗客の感染事例があります。翌2月には、横浜港に到着していながら海上で検疫を実施中であることが報じられ、乗客・乗員の感染への不安や船内での疲労なども注目されました。

　そこで、日本で唯一の心理カウンセラーの業界団体である一般社団法人全国心理業連合会は、一般財団法人全国SNSカウンセリング協議会の協力のもと、無料のLINE「心のケア相談」を開始しました。具体的には、2020年 2 月14日より、専用のLINE公式アカウント「厚生労働省コロナウイルス対応支援窓口」を通じ、ダイヤモンド・プリンセス号の乗客や乗員に対し、LINEによる相談を全国心理業連合会のメンバーとダイヤル・サービス株式会社が担いました。

　実施にあたり、主体となる厚生労働省に対し、ソフトバンク株式会社とLINE株式会社が協力しました。ソフトバンク社が手配したスマートフォン2,000台に、LINE社はLINEのアプリをインストールするとともに、乗客・乗員を支援するためのLINE公式アカウントを開発し提供しました。このスマートフォンを船内に無償配布し、日中は医療従事者たちがLINEを使って相談を受け、夜間（19時〜22時）は心理カウンセラーたちがメンタルヘルス面の相談を受けるという体制を敷きました（**資料８**）。

資料８　ダイヤモンド・プリンセス号乗船者への心のケアLINE相談

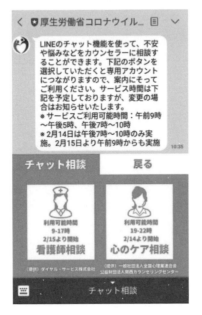

船内から出ることができず、かつ、先が見えない状況に追い込まれると、当然ながらメンタルの面でダメージを受ける人が少なくなかったはずです。メディアでは、連日のように乗客が助けを求める紙を窓に貼り出す様子などが報じられましたが、LINEを使った心理カウンセリングは、今にも折れそうになるメンタルを、ぎりぎりのところで支えるための一助となっていたのではないかと考えています。もちろん、船内の全員が相談をするわけではありませんが、外とのつながりがまったくないのではなく、「LINEを使えば誰かが相談に乗ってくれる」というチャンネルがあるというだけでも、気持ちは随分違うのではないかと考えています。

　なお、外国籍の乗員も多かったため、英語対応ができるSNSカウンセラーも何人か待機させました。のちに、ダイヤモンド・プリンセス号のジェンナーロ・アルマ船長が、『日本での対応は非常に素晴らしかった』というメッセージを発信したというニュースがインターネット上で報じられたことも、感慨深いものがありました。

　ダイヤモンド・プリンセス号の乗客・乗員に対しLINE相談を行ったことで実感したのが、感染症という状況下では、SNSカウンセリングは非常に有効であるということです。心のケアが必要な人がいるとしても、カウンセラーが船内に入っていくとなると、常に感染のリスクが発生します。これに対し、SNSを通して心理カウンセリングを行えば、相談する人も相談される人も、感染リスクなしにさまざまな相談ができるという大きなメリットがあります。

　その後、厚生労働省は、2020年3月18日より、「新型コロナウイルス感染症関連SNS心の相談」、続いて「こころのほっとチャット【新型コロナ関連】」という窓口を設け、チャット形式で相談できるようにしました（**資料9**）。

資料⑨　こころのほっとチャット（ウェブチャットの例）

(出典) NPO法人東京メンタルヘルス・スクエアホームページ
https://www.npo-tms.or.jp/public/kokoro_hotchat/

　新型コロナウイルス感染症に関する悩み相談の経験を通して感じるのは、「それぞれの人が自分にとって最もアクセスしやすい方法でさまざまなSOSを出せるようにすること」が、大変必要になっているのではないかということです。

⑵西日本豪雨（平成30年7月豪雨）心のケア

　2018（平成30）年6月28日〜7月8日、広島県・愛媛県の土砂災害、岡山県倉敷市真備町の洪水害など、集中豪雨により広域的な被害が発生しました。マスメディアでは、「西日本豪雨」と呼ばれ、報道が続きました。

　災害後、被災者の心的外傷後ストレス障害（PTSD）への対応は、大きな課題となります。そこで、一般財団法人全国SNSカウンセリング協議会、一般社団法人全国心理業連合会、ダイヤル・サービス株式会社は、LINEを活用したいじめ相談や自殺相談の知見を活かし、「西日本豪雨 心のケア」を開設しました（**資料⑩**）。そして、西日本豪雨の被災者を対象に、2018年7月20日〜8月19日に無料相談を実施しました。

相談のなかには、以下のような事例もありました。

●相談者：30代女性・妊娠8か月

夫が出張中に災害に遭う。近くの体育館に避難をしている。夫とは連絡は取れたが、すぐこちらに向かうことができないため、しばらく一人で過ごすしかない。

今年5月に夫の転勤で引っ越ししてきたばかりで、友だちや親戚もいなくて不安で心細くてしかたない。避難所では、みんな物資を運んだりいろいろと動いているが、自分は妊婦で思うように体も動かないし、こんなときに何もできなくて申し訳ないと思ってしまう。

周りの人も気を遣ってくれて、「大事なときなんだから休んでいいよ」と言われると、余計つらくなる。ここにいていいのかなと思ってしまう。赤ちゃんのためにも、自分がしっかりしないといけないと思うけど、食欲もないし夜も眠れない。こういう話を夫にする

と心配をかけてしまうので話していない。

（※）相談内容をもとに、本人と特定されないよう加工しています。

　上記の相談に対して、カウンセラーは次のような対応を行いました。まずは、母子ともに無事であることが何より大事であることを伝えました。そして、周りに話せない気持ちを聴かせてもらいました。慣れない土地で災害に遭い、しかも、夫が不在であれば、なおさら不安が強くなるのはもっともだと思うという受容や共感も伝えました。

　相談者は、夫に心配かけまいと我慢をしていることで、余計に孤独感が増していましたが、SNS相談を通して本音を吐き出せたことで、少し楽になられた様子で相談は終了しました。

　このようなちょっとしたケアを行うだけで、悩んでいる人たちの心が随分と軽くなるのです。その意味ではSNS相談は「大変なとき」だからこそ必要だと言えるのではないでしょうか。

　SNSを使えば、仮に東日本で地震が起きたとしても、被災地に住む人たちの心のケアは西日本に住む人たちなどが対応できます。遠隔地からつながることができるというのは、SNSの持つ大きなメリットです。心理カウンセリングを担当する側が、パソコンなどのIT機器とインターネット環境を用意し、守秘義務を遵守するといった体制を整えることができれば、さまざまな事態に即座に対応できるのです。

　当然、心理カウンセラーのチームでの体制の整備には、解決すべき課題はたくさんあります。しかし、課題を１つずつ解決していくことができれば、SNSカウンセリングの持つ可能性は無限に広がっていくはずです。３．(1)で述べたダイヤモンド・プリンセス号の事例などは、カウンセラーとしても１つの時代の変化になったと感じています。

第4節 **SNSカウンセリングの課題**

1. SNSの利用状況

　SNSカウンセリングは誕生以降、急速に普及し、活用される範囲も広がっていますが、当然、解決すべき課題が多いことも事実です。課題の1つとして挙げられるのが、今も根強く残る「SNSでは本当の心理カウンセリングはできないのではないか」という専門家の間にある懐疑的な見方の払拭です。

　総務省「平成30年情報通信メディアの利用時間と情報行動に関する調査報告書」によると、10代および20代の若者のコミュニケーション系ツールの平均利用時間は、平日で音声電話5分以内、ソーシャルメディアは20代で50分程度ですが10代は70分程度となっています。今の若い人にとってコミュニケーションの手段として最も使われているのはSNSであり、次いでメール、そして最も少ないのが電話です。

　一方、子どもたちの親世代の場合は、最も使われているのがメールであり、SNSの利用はそれほど多くはありません。さらに上の世代となると、コミュニケーションの手段として最もなじみ深いのは電話であり、SNSを利用するのはまだ限られた人というのが実情です（**資料11**）。

資料11　平成30年度［平日1日］コミュニケーション系メディアの平均利用時間（全年代・年代別）

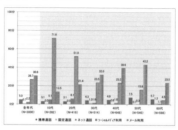

（出典）総務省情報通信政策研究所『平成30年度情報通信メディアの利用時間と情報行動に関する調査報告書』（令和元年9月）

2. SNS利用への抵抗

　さらに問題なのは、心理カウンセリングを行う専門職の多くが、そもそもSNSを使った相談を体験したことがないことから、慣れないものに対する恐れがあることです。人は新しい方法と慣れた方法を比べた場合、ほとんどの場合、慣れた方法を選択する傾向がありますが、それは心理カウンセリングについても同様です。

　対面での相談や電話での相談では、相談者の声のトーンや話し方などの微妙な変化を感じ取りながら対話をするというのが基本です。対面や電話での相談しか経験してこなかった人たちが、声が聞こえないSNSを通じて心理カウンセリングができるのかと疑問を感じるのは、仕方のないことと言えます。

　しかし、対面にしても、SNSにしても、あくまでも相談の手段の違いです。心理カウンセリングの歴史を振り返れば、電話がなかった時代もあるわけです。最初に電話を使った心理カウンセリングを始めようとした人は、「顔が見えなくて、相談なんか成立するのだろうか」と言われたのではないでしょうか。ところが、今では電話で心理カウンセリングができないと思っている人はいません。

　もちろん、SNSを介した心理カウンセリングを行うためには、ある程度のトレーニングや準備が必要になりますが、それは心理カウンセリングを行う側の問題です。心理カウンセラーたちがSNSに慣れていないからという理由だけで対面や電話でしか相談を受け付けないというのは、相談者のことを置き去りにしていると言えます。相談するツールに何を使うかは相談者が決めるべきであり、相談を受ける側が決めるものではないと考えます。

3. 1つの選択肢としてのSNS利用

　心理カウンセリングとは異なりますが、最近では、クレジットカード会社や電機メーカーが使い方などの相談を、電話ではなくチャットで行うことも増えています。担当者につながるまでに何分も待たせられる電話よりも、自分のペースでチャットを使って相談をして、チャットで答えてくれる方が気楽だという人も多いのです。

　もちろん、高齢者などのなかには、チャットやSNSを使いこなせない人もいるでしょう。また、「相談は、やはり電話でしたい」という人もいるでしょう。したがって、すべてをインターネットで済ませるという考え方には賛成できません。心理カウンセリングにしても、企業の相談窓口にしても、対面と電話そしてSNSというように、いくつものツールを用意したうえで、相談者・利用者に最も使いやすいものを選んでもらうというのが今後の流れと考えます。

　実際、心理カウンセリングに関しては、長野県での試み以降、さまざまなケースでSNSを導入したところ、電話をはるかに上回る相談が寄せられたという事実があります。「SNSでは本当の心理カウンセリングはできない」と否定的にとらえるのではなく、「どのようにすればSNSでしっかりとした心理カウンセリングができるのか」を考えることが何よりも大切なのです。

第5節 SNSカウンセリングのメリットとデメリット

1. 相談者のメリット

　SNSでしっかりとした心理カウンセリングを行ううえで知っておきたいのが、SNSカウンセリングのメリットとデメリットです。まず、SNSカウンセリングの相談者のメリットとして、以下のものが挙げられます。

①簡単にアクセスできるため相談への抵抗感が少ない

　電話相談と言うと「いのちの電話」という言葉のように本当に切羽詰まった状態に追い込まれた人が、勇気を奮って電話を掛けるというイメージがあります。しかし、今の若者たちに共通するのが、「このままでは生きられない」というところまではいかないものの、「何となく生きづらい」というレベルの悩みを抱えているということです。

　借金がたくさんあって生活に困窮しているわけでもなければ、日々の食べ物に困っているわけでもないのに、どこかに「生きづらさ」があって、そこから「逃げ出したいが逃げられない」という悩みです。こうした生きづらさを感じている若者たちがどこに連絡するかというと、電話相談窓口でもなく、行政機関の対面の相談窓口でもありません。若者たちにとって身近なSNSであり、SNS上であれば気軽に悩みを書き込めるのです。

　相談の敷居の低さや、アクセスの簡単さがSNSカウンセリングのメリットの１つであり、大事になる前の「小さな悩み」をすくい上げるうえで効果的な方法と言えます。

②匿名性が高いため本音を打ち明けやすい

　SNSが抱える課題の１つに、どこの誰かもわからない人たちから投げつけられる誹謗中傷があります。ネットの誹謗中傷被害自体が大きな社会問題ともなっていますが、なぜこれほど被害が起きるのかというと、

SNSの匿名性の高さが理由です。

　匿名性の高さは誹謗中傷のような悪い方面に利用されることもありますが、一方で、SNSカウンセリングでは相談のしやすさにつながることになります。匿名であれば、個人的な悩みを話しやすくなります。たとえば、学校におけるいじめや、企業におけるセクシャルハラスメント・パワーハラスメントなど、教師や産業医に自分の名前を告げての相談はしにくい場合にも、SNSを介して匿名であれば本音を打ち明けることも難しくないと言えます。

　相談だけでは、まだ「どのように解決するか」という課題は残っています。しかし人は、誰にも打ち明けられない悩みを抱え続けると苦しくなるだけですが、SNSを通して誰かに相談し、話を聴いてもらうだけで救われることがあります。

　SNSの持つ匿名性は、相談者にとっては相談がしやすく、本音を打ち明けやすいというメリットにつながっています。

③文字で残るためあとで読み返し考えることができる

　対面や電話での相談の場合、録音をすればともかく、通常は、相談者の発言も心理カウンセラーのアドバイスも、一過性のものとして消えていきます。これに対し、SNSカウンセリングの場合、たとえばLINE上のやり取りが文字として残っていくように、相談の内容が文字として記録されることになります（**資料12**）。心理カウンセラーにとっては、自分の対応のすべてが文字として残るため、悪い対応まで記録されるという恐れにもつながるかもしれません。しかし、相談者にとっては、文字に残ることは決して悪いことではありません。

資料12　LINE「トークCARE」の画面イメージ

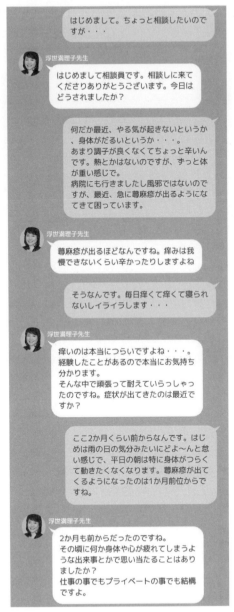

（出典）LINE公式トークCAREホームページ
https://talk-care.line.me/nayami/

一般的なSNSの利用で注意しなければならないことの１つに、冷静さを失っているときには決して書き込みをしないことがあります。一方、人は深く悩み落ち込んでいるときには、冷静な書き込みなどできないものです。SNSカウンセリングの場合、頭の中を駆け巡るさまざま悩みを書き出していくことで落ち着きを取り戻し、徐々に解決策へと近づくことができるのです。

　最初は同じような書き込みの繰り返しであったとしても、心理カウンセラーからのアドバイスを受けるうちに徐々に落ち着きを取り戻し整理されてくるはずです。

　あとでSNSカウンセリングでのやり取りを改めて読み返すことで、自分なりの解決策を見出すこともできるため、文字で残ることには多くのメリットがあると言えます。

２．心理カウンセラー側のメリット

　上記１．は相談する側にとってのメリットですが、実はSNSカウンセリングには、相談を受ける心理カウンセラーにとっても大きなメリットがあります。

①チームで相談に対応でき相談中に各種資料が利用できる

　対面や電話での相談の場合、基本は１対１であり、心理カウンセラーの力量によって相談の質が左右されることもあります。しかし、SNSカウンセリングの場合、基本的にはチームで対応しているため、最初に相談を受けた人が「対応法がわからない」という場合も、他の経験のある心理カウンセラーが経験にもとづく手助けをすることができます。したがって、個々の心理カウンセラーの経験に左右されることなく、質の高い対応が可能になります。

　あるいは、さらに複雑な相談の場合でも、１人がSNSで対応しているときに、もう１人が弁護士に相談をしたり、インターネット上の資料を調べたりして、より適確なアドバイスにつなげることもできます。これ

らは対面や電話の相談では実行しにくいことです。

　たとえば、対面での相談で心理カウンセラーにわからないことがあり、『ちょっと待っていてください』と席を外して先輩に聞きに行ったり、パソコンを開いて資料を調べたりした場合、相談者は「この人は頼りない」と感じるでしょう。しかし、SNSでの相談ではチームの他のメンバーの力も簡単に借りることができ、場合によっては、インターネットから得られた詳しい資料を送信することでアドバイスの質を高められることも考えられます。また、担当している心理カウンセラーでは荷が重い相談の場合などには、対面や電話と違って、相談者が気づかないうちに担当者を交代することもできます。

　相談を受ける側は、SNSカウンセリングと並行して多くのリソースを使えるというメリットを最大限に活かすことで、相談の質を高める努力をすることが求められます。

②情報の共有が可能になる

　1．③では、SNSカウンセリングのメリットの1つに「文字で残ること」を挙げました。これは、相談者と心理カウンセラーがあとで読み返すことができると同時に、相談を受ける側や窓口を設けた機関の人たちが「情報を共有できる」ことも意味しています。

　これまで情報の共有が難しかった相談の内容や進め方を共有できるようになれば、全国の相談窓口を運営する行政機関や学校、企業にとっても役に立ちます。そして、心理カウンセラーにとっても、自分の技術を向上させるうえで非常に効果的です。

　なお、プライバシーの保護に留意しながらどのように情報の共有を進めるかは、今後のSNSカウンセリングにとって解決すべき大きな課題でもあります。

 ## SNSカウンセリングのデメリット

　先に1．2．で述べたことがSNSカウンセリングのメリットですが、

次にデメリットについても触れていきます。

①動機付けの低い相談の増加や作り話・冷やかしがあり得る

　SNSを介した相談は敷居が低いうえに匿名性も高いため、なかにはこれといった悩みがないにもかかわらず相談してきたり、作り話をしたりすることで、心理カウンセラーを振り回す人もいるのではないかという懸念もあります。相手にする必要のない相談者が大量に出た場合、真剣な相談に対応できないままに貴重な時間と労力を奪われることになります。しかし、これまで行ってきた結果として、同じスタンプや刺激的な言葉の連続といったメッセージもたしかにありましたが、実際には非常に少なく、ほとんどの人はSNSカウンセリングの趣旨を正しく理解して、信頼して悩みを相談してきています。

　人は、こちらが相手を「嫌だ」と思っていると、その気持ちが相手にも伝わり、相手も「嫌だ」と感じるものです。反対に、こちらが一方的に「この人はいい人だ」と決めつけて会いに行くと、相手も非常に好意的な態度で接してくれるものです。SNSカウンセリングにも言えることであり、心理カウンセラーは、まず、相手を心の底から信じることです。

　たとえば、相手が中学生・高校生の場合、「どのようなことでもいいから、私たちを信頼して相談してきてほしい」と呼び掛ける一方で、「今の若い子は何を考えているからわからない」「相談だっていい加減なものが多いに違いない」などと疑っていたとしたら、相手に伝わり、相談内容も雑なものになるでしょう。

　大切なのは、相談を受ける側が心の底から相手を信じることです。こちらから一方的に信じるからこそ、相手もこちらを信じて抱えている悩みを打ち明けてくれるのです。

②相談者の情報が限られており多様な角度からのアドバイスが難しい

　SNSカウンセリングは、匿名性が高いために相談者の文字以外の情報を得にくいうえに、相手の表情や話し方の特徴もわかりません。このため、適確なアドバイスができないのではないかという不安を感じる心理

カウンセラーは、少なくありません。

　たしかに、心理カウンセリングでは相手の表情や声の変化などを読み取ることも大切ですが、裏を返せば相手が見えないという点では相談者も同じと言うことができます。

　たとえば、相談者が若い女性の場合、相談に乗ってくれる人が女性かどうか、自分と年齢が近いかどうかなどによって、相談への信頼度も変わってくるでしょう。また、どこまで話すべきかという相談の範囲も変わってくることになります。対面であれば、相手が穏やかな表情で話を聴いてくれるだけで安心して話すことができるのに対し、SNSでは文字だけのやり取りのため、信頼や安心を覚えにくいという面もあります。

　その意味では、「相手が見えない」のはお互い様であり、お互いが「顔が見えない」「声が聞こえない」という不便を感じながらも、「だからこそ安心して相談ができる」というメリットを最大限に活かし切ることが求められるのです。対面や電話では決してできなかった相談を受け、その解決策を探っていくことが大切なのです。

③言語能力・表現力が低いと相談が成立しにくい

　SNSカウンセリングは文字を中心に進めていくため、相談者は、自分の抱えている悩みを文章で伝えていくことが必要になります。また、心理カウンセラーも、アドバイスを文章で伝える必要があります。

　テレワークでも問題となっているのは、対面や電話では非常に言葉巧みに話を進められる人でも、チャットのような文章では途端に十分なコミュニケーションが取れなくなる人がいることです。あるいは、部下を指導するときなどにも、対面であれば厳しいことを言っても表情や態度によって雰囲気を和らげることができるのに対し、「文字だけ」では厳しい言葉がそのまま相手に伝わり、予想以上のショックを与えるということもあります。つまり、文字だけの表現と、表情や態度を伴った表現には大きな違いがあるのです。

　したがって、SNSカウンセリングでも文章による表現が苦手な人にとっては、自分の考えを伝えることが非常に難しいものになります。特に、

最近の若者たちは短い言葉やスタンプなどを使って表現する傾向にあり、相談を受ける側にとっても真意を汲み取ることは難しいところです。

　だからと言って、SNSカウンセリングは成り立たないと諦めるのではなく、やり取りを何度か重ねながら相談の内容を探りアドバイスを送ることも、心理カウンセラーに求められる役割の1つと言えます。

第6節 SNSカウンセリングの可能性

1. SNS相談窓口の拡大

　SNSカウンセリングにはいくつものメリットがあり、デメリットもありますが、さまざまな相談を受けるうえで、SNSが非常に大きな可能性を持っていることは明らかです。これからの時代、SNSを介した心理カウンセリングは、対面や電話による心理カウンセリングと並ぶもう1本の柱として育てていくことが、社会の要請でもあります。

　なお、SNSカウンセリングが広まったからといって対面や電話での相談がなくなるというわけではありません。対面には対面のよさがあり、電話にも電話のよさがあります。それぞれの手段が、悩みを抱えていても誰に相談していいか迷っている人たちにとっての「よき窓口」になっていくことが、何より大切と言えます。

　実際、電話相談の窓口などを持つ全国の自治体では、SNSの相談窓口もほぼでき上がってきています。文部科学省の「子どもたちのいじめ相談」は県の教育委員会が受け皿となっていますが、政令指定都市をはじめ地方自治体でもSNS相談への取り組みが広がっています。

2. SNS誹謗中傷等の心のケア相談

　一般社団法人全国心理業連合会は、一般財団法人全国SNSカウンセリング協議会の協力のもと、2020年7月27日〜8月17日、インターネット上の誹謗中傷について、無料のLINE相談窓口「SNS誹謗中傷等心のケア相談」を開設しました。

　正式告知を開始した2020年8月4日以降14日間で、友だち登録数は10代の若者を中心に6,236人、相談件数は164件、1日平均相談件数は11.7件となりました。この登録数・件数からもわかるように、「誹謗中傷」というテーマに関する関心は非常に高く、このデータには総務省も関心

を示しました。そして、インターネット上の誹謗中傷のように社会問題に発展しているテーマは、可能であれば政府主導で、通年の窓口を設置する必要があると感じました。

　誹謗中傷に関しては、相談してくる人の多くが弁護士の紹介や開示請求といった法的手段以前の「心理的なサポート」を必要としています。つまり、「傾聴・助言」といった心理的サポートをしっかり行うことができれば、誹謗中傷で苦しむ人たちを随分と救うことができるということとが推察されました。

　たしかに、誹謗中傷に関する対策は法律を含めて進みつつありますが、今の段階では「法的手段以前の悩み」を抱える人が相談できる場所はほとんどありません。SNS相談を拡充することは、誰もが巻き込まれる恐れのある「誹謗中傷」という悩みの解消に非常に有効と考えます。

　また、インターネット上の誹謗中傷に対しては、匿名の壁を破って相手を特定する開示請求が可能ですが、開示請求手続きを行うことは、一般の人、特に子どもたちには困難です。また、被害者は、開示請求をしたいのでも裁判で訴えたいのでもなく、ただ、何とか誹謗中傷をやめさせたいだけという人がほとんどです。

　たとえば、別れたはずの彼氏が自分のことを今なお彼女であるかのような情報をインターネットに上げているが、親にはもちろん友だちにも相談できないため、「孤立して」SNSを使って相談してきたというケースもよくあります。孤立した若い人たちに対しては、具体的なアドバイスをするだけで状況は格段によくなります。したがって、若い人が巻き込まれやすい事件の相談窓口は通年開設しておくべきであり、実現できるように行政機関にももっと関心を持ってもらえるようにアプローチしていきたいと考えています。

　言い換えれば、世の中が必要だと思いつつ誰も実行していないという分野こそ、取り組みが必要だと考えています。

3. SNSカウンセリングの到達点

(1)誹謗中傷の例

　SNSカウンセリングは、「話を聞いて終わり」ではなく、ある程度の解決策を示すことも求められています。しかしたとえば、誹謗中傷では心理カウンセラーがアドバイスできることは限られています。Twitterでの誹謗中傷の場合、Twitter Japan株式会社に本人が削除依頼を出したり、情報公開した相手に損害賠償請求をしたりと、限られてはいますが次につながる助言は効果があります。

　さらに犯罪につながる、たとえば、『お前、殺してやる』といった直接の殺人予告は警察案件になります。掲示板等に書き込まれた『渋谷区の浮世満理子を殺してやる』も同様です。一方、『浮世満理子は何かの犯罪者だ』は、誹謗中傷として開示請求・削除依頼の対象になり、かつ、犯罪者という明らかな嘘について名誉棄損にあたる可能性もあり、専門家に相談するとよいでしょう。しかしたとえば、『渋谷にいるカウンセリングの学校のA社の代表のUさんはひどい』といった書き込みでは、知り合いには「浮世満理子を指している」とわかられていながら、警察案件にも開示請求にも名誉棄損にも該当しないのです。

　誹謗中傷に関するSNSカウンセリングを通じて、警察にも訴えられず、名誉棄損でも訴えられない誹謗中傷で苦しむ人は少なくないというのが実感です。これらの被害者に対し、SNSを通じて話を聞いて『つらかったのですね』と伝えるだけで終わっては意味がありません。

　もちろん、簡単に解決できることではなく、解決できないこともありますが、心理カウンセラーに必要なのは、たとえば、削除依頼を出すことを勧め、本人では方法がわからなければ依頼の仕方を教え、そのうえで、『わからなかったら、いつでも連絡してください』と伝えることです。聞くだけではなく、本人と一緒に考えて、本人が安心できるまでアドバイスをすることが大切であり、法律の専門家や行政機関につなぐ必要がある場合には、その方法まで教えてはじめて役目を果たしたことになる

と考えます。

(2)ネットカフェ難民の例

　SNSカウンセリングのなかで、『死にたいです』という相談を受けたことがあります。話を聞いていくと、まだ若い20代の女性で、仕事を辞めたうえに家でもトラブルがあり、家を出たということです。住む家がないために仕事が決まらず、仕事が決まらないためにお金がなく、お金がないために家も借りられないという、負のスパイラルに入っていました。そして、相談に来たときは、ネットカフェ難民になっていました。

　幸い病気にはかかっていませんでしたが、友だちはいない、近くに親や肉親もいないため頼れる人がいないとのことでした。仕方なしにスマートフォンで単発の仕事を探して何とか生きているという危うい状態であったため、行政機関に相談して生活保護の手続きを取るか、一時的にシェルター（ホームレス緊急一時宿泊施設）に入ることを勧めました。しかし当然、相談者にはどのようにすればいいかという知識はありませんでした。

　そこで、すぐに東京都の福祉の窓口につないで、2週間ほどシェルターに入る手続きをしてもらいました。シェルターに入っている間に仕事をきちんと探して働けるようになれば、「死にたい」と思うことはなくなるとアドバイスしました。相談を受けた以上、「聞いて終わり」ではなく、行政機関や警察のような具体的な対応ができる場所につなぐことも大事なことだと考えています。

 ## 4. SNSを活用すべき理由

　SNSの誹謗中傷に関する相談で感じるのは、被害者も1つ間違えば加害者になるという怖さです。SNSは非常に便利なツールではありますが、今は被害者である人が実は別の書き込みでは自分も誹謗中傷に加担しているということもあります。犯罪に加担していることに気がつかないところに、SNSの持つ危うさがあります。

　それでは、SNSなど使わなければいいかというと、もちろんそうではありません。今後も急速にSNSでのコミュニケーションが広がっていく以上、SNSを介した相談窓口はさらに必要になります。また、SNSを活用していかない方がリスクと言えます。

　たとえば、企業は現在、人材不足や若手不足と言われて、採用活動に膨大なお金を掛けていますが、離職防止にはそれほどお金も労力も掛けていません。極端な例では、100人採用して1年のうちに50人が辞めるといった企業もあります。つまり、辞めさせない努力をするだけでも、採用活動に掛けるお金をかなり節約できるはずです。採用活動に何千万円も掛けるぐらいなら、年間500万円でも100万円でも投資して、離職防止を行うべきです。たとえば、心理カウンセラーを週1回1人置くだけでも離職を防ぐことができ、社員の心のケアもできます。

　心のケアと言うと、心の病気の人や鬱傾向のある人が対象というイメージを持たれがちですが、現在のストレス社会では、どのような人にも心のケアが必要です。対面や電話では相談しづらいと感じる人も、SNSで相談できるという仕組みがあれば、普段の個人的なSNSを使う感覚で気楽に相談ができるはずです。

　さらに、対面の相談窓口の場合、それぞれの企業が心理カウンセラーを雇い常駐させる必要がありますが、SNSを使えば、常駐していなくてもどこからでも相談を受けることができるというメリットがあります。

　今の時代、悩みを抱えていない人などいないはずです。悩みを気軽に相談できる場所があり、ときには解決策にまでつないでくれる人たちがいるという安心感を持てるだけで、今の社会はもっと生きやすいものになるのではないでしょうか。

第2章

SNSカウンセリングの
実際

第1節 導入の基本姿勢

 1. 事前の決定事項

　SNSカウンセリングの導入にあたって最初に決めるべきは、SNSカウンセラーの配置人数、相談実施時間、使用するSNSの種類（LINEなのかWebチャットなのか等）です。

　担当するSNSカウンセラーについては、要件や条件を、資格や経歴・キャリアなども含めて検討します。あわせて、SNSカウンセリング業務の管理者、相談責任者の要件なども決めます。

　そのほか、企業の場合には、どこまで相談対象とするかという点、たとえば従業員までとするのか、あるいは従業員の家族を含むのかというところを決めます。なお、自治体が窓口となるSNSカウンセリングでは相談回数の制限はあまり設けませんが、企業の場合には回数制限を設けるかどうかも決めることがあります。

 2. SNSカウンセラーの環境整備

　細かいところでは、SNSカウンセラーの個人情報をどこまで開示するかも事前に決めておく必要があります。たとえば、相談者から性別を聞かれたときに答えるかどうかも決めておきます。ドメスティック・バイオレンス（DV）や性被害などの相談は「男性には話せない」ということもあるため、ケースによっては「女性カウンセラーが受けている」というのを意図的に開示し、相談しやすくすることはあります。ただし、匿名性重視の相談の場合には、基本的には開示しないことにしています。

　ほかには、たとえば、カウンセラーに対して悪意で傷つける攻撃が行われるなど、SNSカウンセラーの安全性が脅かされたり、あきらかに相談ではないアクセスであったりした場合についても、どのように対応するかの指針を事前に決めておきます。SNSカウンセラーへの悪意ある攻

撃については相談を打ち切ることがあるといったことを「相談利用規約」など、SNSカウンセリングを受け付ける際の説明に明示しておかないと、後日「SNSカウンセラーが勝手に相談を打ち切った」といった不要なトラブルが起きることもあり得ます。

表1-1 打合せの際の「チェックポイント」

〈相談実施概要〉

☐	相談実施目的
☐	相談対象（たとえば県内公立小中高校在籍の児童生徒など。親や教員などほかに含める対象はあるか？）
☐	相談実施期間
☐	相談実施時間／受付時間
☐	相談実施場所（通常は指定の事務所内だが、テレワークを認める場合にはどのような基準にするか？）
☐	1回の相談時間
☐	1日の相談回数制限
☐	SNSの種類（LINE、Twitter、Webチャットほか）

〈相談実施体制〉

☐	相談前のヒアリング（事前質問）事項（学校名、年齢、性別、相談内容等。匿名とするかどうか？）
☐	相談利用規約
☐	カウンセラーは匿名とするか？　カウンセラーの個人情報開示をどうするか？
☐	カウンセラーの要件（SNSカウンセラー資格保持等）
☐	相談責任者（スーパーバイザー）の要件（カウンセラーの要件に加え、関連の国家資格保持とする等）

第2章 SNSカウンセリングの実際

☐	複数相談同時対応するかどうか？
☐	自治体担当部署・担当者・連絡先、夜間等の連絡先
☐	関係部署／機関との連携確保（事前に実施内容を伝え、連携協力依頼。子ども担当部署、家庭児童相談室、精神保健担当部署、障害福祉課、社会福祉協議会、児童相談所、警察等）
☐	相談報告について（報告事項、報告書様式、報告の仕方、報告のタイミング）

〈緊急対応〉

☐	緊急対応の判断基準
☐	緊急対応の流れ
☐	緊急対応時の連絡体制

〈広報〉

☐	ホームページ作成（QRコードをネットに掲載するかどうか？）
☐	カード／チラシ／ポスターの作成の有無
☐	カード／チラシの配布方法
☐	広報時期（4月、夏休み前、冬休み前等）

図1-1 周知用カードの例

〈表面〉

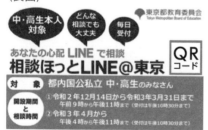

〈裏面〉

（出典）東京都教育委員会ホームページより
　　　　https://ijime.metro.tokyo.lg.jp/sns/index.html

3. 関係部署への周知

　新たにSNSを使った相談を始めるにあたり、相談の周知と、相談を効果的に行うための連携をするために関係部署や関係機関への連絡をしておきます。

　なぜ、事前の連絡が必要かというと、関係部署はじめ、外部の警察署や児童相談所といった専門機関との連携は、SNSカウンセリングにおいては特に重要になるためです。SNSカウンセリングでは、幅広い相談が入りやすいという一面もあり、相談にとどまらず、相談者が実際の行動に移せるように専門機関につなぐことも求められます。そのため、確実に連携が取れるようにしておくことが非常に重要になります。

　専門機関についての情報提供をするだけでは、相談者が悩みや問題を乗り越えるためには不十分である場合もあります。SNSカウンセラーが相談者の状況をしっかり聞きながら、相談してきた本人が自分で必要な専門機関へと連絡などをするよう具体的な行動を促していくことも重要です。

4. 生徒・児童相談の特性

　たとえば、「子ども相談」の窓口で生徒からいじめの相談があったとき、『担任の先生に相談してみてください』と言っただけでは不十分な場合もあります。なぜなら、生徒は担任の先生に相談できないからSNSで相談をしてきていることが多いからです。そういった場合には、子どもと一緒に誰にどうやっていじめ被害の助けを求めることができるかを考えてみたり、状況によってはカウンセラーから学校に連絡したりすることも選択肢の1つとして話し合っていくことが必要です。

　このように、SNSカウンセリングではさまざまな関係部署や専門機関と連携もしながら、相談者にとって最善の答えを導き出していくこと、相談者が自ら行動を起こすことができるように支援していくことも、非常に大切になってきます。

第2章　SNSカウンセリングの実際

表1-2 打合せの際の「チェックポイント」
（県教育委員会でSNS相談を実施する場合の例）

〈自治体内関係部署への連絡・周知〉

☐	対象となる学校
☐	教育相談や適応指導教室に関わる部署
☐	子育てに関わる部署
☐	精神保健に関わる部署
☐	障害福祉に関わる部署
☐	社会福祉協議会
☐	女性相談に関わる部署
☐	その他、子どもや親の福祉や相談に関わる部署

〈関係機関等への連絡・周知〉

☐	警察
☐	児童相談所
☐	医療機関
☐	その他、子どもや親の福祉や相談に関わる機関

 5. SNSカウンセラーへの教育

　実施にあたっては、SNSカウンセラーの教育も大切です。自治体の相談窓口であれば、自治体の職員と同じように親切丁寧に対応することが第一の基本です。このため、子どもたちとの相談であっても、カウンセラーは失礼のない言葉遣いでの対応を基本とします。

　心理カウンセラーの業界団体でも、敬語まではいかなくとも丁寧な言葉遣いをするように指導しています。ただし、なかには友だち言葉の方

がよいと考えているカウンセラーもいます。たとえば、学生ボランティアが相談を受けるSNSカウンセリングについては疑問が残ります。芸能人の話などで盛り上がってはいましたが、実は何の心理カウンセリングにもなっていないというのが実感でした。

　たしかに、居場所のない、話し相手のいない子どもにとっては友だち言葉での会話は居心地がいいかもしれませんが、問題解決にはならず逃避の場所にしかなりません。「若い人の相手だから若い人に話を聞かせておけ」というのは、カウンセリングを専門に提供することにおいては間違いだと考えます。行政機関の相談窓口では予算の関係で同世代の学生ボランティアを相談員に起用するケースも見られますが、SNSカウンセリングは居心地のいい場所づくりだけをめざしているのではありません。SNSカウンセラーには、まず、しっかりとしたカウンセリングやメンタルヘルスの専門知識と技能とがあり、そのうえで適切な言葉遣いができ、さらに、関係部署との連携までもができるカウンセラーであることが求められています。

　なお、一般財団法人全国SNSカウンセリング協議会では「SNSカウンセラー能力要件」を下記の通り定めています。

表1-3　SNSカウンセラー能力要件

◎**SNS相談の社会的意義および役割の理解**

１．現在の社会状況におけるSNS相談の必要性と社会的意義の理解

２．SNSカウンセラーの役割の理解

　(1)相談者の心理状態の理解

　(2)相談者の置かれている状況の理解

　(3)理解に基づく適切な心理的ケアと助言の提供

　(4)心の健康に関する予防・啓発的情報の発信

３．職業倫理の理解

　(1)SNSカウンセラー倫理綱領の理解（守秘義務と通報義務の理解を含む）

◎SNS相談を行うための基本知識の理解

1．心理カウンセリングの主要理論の理解

　(1)ヒューマニスティック・アプローチ

　(2)精神力動的アプローチ

　(3)認知行動論的アプローチ

　(4)システム論的アプローチ

　(5)解決志向的アプローチ

2．メンタルヘルスに関する理解

3．ライフサイクル・心理社会的発達理論に関する理解

4．心の健康教育に関する理解

◎SNS相談を行うための基本的スキル

1．傾聴スキルを含むカウンセリングスキル

　(1)受容的技法（あいづち、反射など）

　(2)促進的技法（非指示的リード、開かれた質問など）

　(3)状況の明確化技法（適切に焦点づけられた質問など）

　(4)承認的技法（アファメーション、コンプリメント、ノーマライゼーションなど）

　(5)関与的技法（自己開示など）

　(6)その他の応答技法（アドバイスなど）

2．SNS相談の基本スキル

　(1)SNS相談にマッチした相談技術

　　①共感的で支持的なメッセージをはっきりと言葉で伝える。

　　②「感情の反射」よりも対話をリードする「質問」を行う。

　　③情報提供・心理教育を積極的に行う。

　　④問題の取り組みへの相談者の動機づけを高める。

　　⑤相談者のテンポと文章量に波長を合わせる。

　　⑥応答の行き違いやタイムラグを適切に取り扱う。

　　⑦絵文字・スタンプを適切に利用する。

(2)SNS相談の実施手順（SNS相談のフローチャート）

　①SNS相談のインフォームドコンセント

　②SNS相談の始め方

　③SNS相談の進め方

　④SNS相談の終わり方

3．危機介入カウンセリングと危機管理のスキル

4．支援リソースにリファーするスキル

　(1)リファーに関わるカウンセリングのスキル

　(2)さまざまな支援リソースについての知識

(注) 上記の内1、3、4は心理カウンセラーが基本的に有する能力となりますが、2はSNSカ
　　ウンセラー養成講座で修得する能力となります。

◎**SNS相談を行う上で必要となる、現代の社会的・文化的問題とその他の
　関連領域に関する理解**

1．SNS相談を行う上で重要となるさまざまな法律についての理解

　(1)福祉関係の法律（児童福祉法、児童虐待防止法など）

　(2)教育関係の法律（いじめ防止対策推進法など）

　(3)労働関係の法律（改訂男女雇用機会均等法など）

　(4)少年非行に関する法律（少年法など）

2．SNSを含む情報通信技術の基礎に関する理解

3．現代の若者の心性や若者文化の理解

4．若者の心の問題に関する理解

　(1)自傷・自殺

　(2)不登校・ひきこもり

　(3)非行

5．現代の若者を取り巻く社会的問題に関する理解

　(1)社会環境の問題（SNSを舞台とした若者をターゲットにした犯罪など）

　(2)学校環境の問題（いじめ、スクールカースト、スクールセクハラ、体
　　罰など）

第2章　SNSカウンセリングの実際

(3)職場環境の問題（ハラスメント、ブラック企業・ブラックバイトなど）

(4)家庭環境の問題（虐待など）

6．性的マイノリティと性分化疾患についての理解

(1)LGBTQ

(2)性分化疾患

（注）上記はその他の研修等で修得する能力であるとともに、今後も随時アップデートを行って
　　いくことが求められるものです。

（出典）一般財団法人全国SNSカウンセリング協議会ホームページより
　　　　https://smca.or.jp/sns-counselor/requirement/

　このようにSNSカウンセラーには多様な知識や能力が求められるだけ
でなく、時代の変化や環境の変化に合わせて、随時、新しい能力や知識
を身につけることも求められます。しばしば問題が起きるのは、今では
使い物にならなくなった「古い常識」にとらわれ、その常識を誰かに押
し付けることです。SNSカウンセラーは常に自分の能力を磨き、かつ新
しいものへの探究心も持ち続けることが大切なのです。

6．緊急対応

　相談者にとってSNSカウンセリングを安心して利用できるようにして
いくうえでも、緊急対応についての取り決めも非常に重要になってきま
す。特に、SNSカウンセリングの場合、相手が見えないため危険性の判
断は対面カウンセリングや電話カウンセリングよりも難しいと言えま
す。このため、対応についてマニュアル等に規定し、SNSカウンセラー
たちへの研修も行ったうえで、いざというときの緊急対応に備えておく
ことが必須です。

　それぞれの自治体によって細部に違いもありますが、たとえばリスク
が高い方からA段階・B段階・C段階といったリスク判定の基準を設け
ておきます。たとえば、A段階の場合は自治体担当者に連絡・相談のう

え警察署や児童相談所など専門機関に連絡する、リスクが一番低いC段階であれば自治体担当者への報告のみとするといった内容です。

図1-2　緊急時・トラブル対応のフロー（警察の場合）

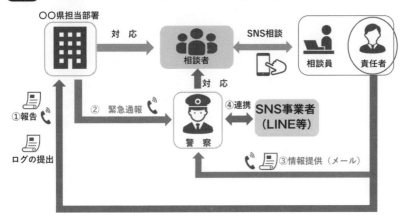

 7. 導入の注意点

　以上のようなことを決めたうえでSNS相談を実施することになりますが、たとえば企業の場合は企業に応じたSNSカウンセラーの配置人数と質をしっかりと確保することが大切になります。

　官公庁のSNS相談では非常に安い金額で受注するところもありますが、実態はSNS相談のほとんどをボランティアに任せることでやり繰りしているといったケースもあります。これではせっかくのSNS相談の質が担保されないのではないかと不安を感じます。

　さらに、SNS相談の研修にもしっかり時間と予算をかけることが必要です。たとえば、SNSカウンセラーが導入企業の沿革や風土などを理解しているかどうかで、SNS相談の質も随分と変わってきます。SNSカウンセリングという仕組みは同じでも、団体や企業の風土によって、従業員にどのような支援をしてほしいかというニーズも違ってきます。実施にあたっては、組織・企業理解のための研修をしっかりと行うべきです。

なお、導入にあたっては「何でも相談していい」ではなく、ある程度の相談の目的があった方が、体制や方針を決めやすいものです。離職防止なのか、メンタルヘルスケアなのかといった点を決めておくとより効果が期待できます。

8. 実施後の検証

さまざまな団体や企業でSNSカウンセリングを行ってきましたが、実際に導入した組織側の反応の１つとして「相談の件数が多くてよかった」というものがありますが、特に、スマートフォン世代である若い人から相談がしやすいという声が多くあります。このため、相談によって早め早めの対処が可能になり、若年者の離職防止にも効果を上げています。

電話相談ではアクセス件数が少なかったが、SNSカウンセリングで件数が増え、深刻な相談となる手前の段階で気軽にアクセスできるようになり、相談の敷居が低くなったという反応も多くあります。自治体などでは相談にどのくらい満足したかというアンケートも取っているため、相談の効果もつかみやすくなっています。特に、SNSカウンセリングの場合、対面や電話と違って相談内容の共有がしやすく、団体や企業の担当者が、「このようなケースは、現場での対応が必要だ」などと気づくこともあるようです。

AIによるカウンセリングはまだ現実的ではありませんが、システムで処理できるところはシステムを活用して、さらにカウンセラーは効率的にSNSカウンセリングを行えるといいのではないかと考えます。

9. 今後の展開

さまざまな相談を受けるチャンネルづくりという意味では、対面や電話での相談窓口があるところにSNSも入れていくと、相談の間口が広がるため非常に有効だと考えています。

さらに、チャットボット（短文でリアルタイムに会話する「チャット」

とロボットを意味する「ボット」を組み合わせた言葉）などの人工知能を活用した自動会話プログラムを実装して多くの相談への対応を可能にしたり、カウンセラーも相談者も実名で、対面や電話相談と同じように1回50分の継続相談をしたり、まだまだ相談方法の可能性を広げていく余地が、多いにあると考えています。

　また、SNSカウンセリングの場合、実際のやり取りや結果の数字を検証しやすい分、改良も効果的に行えます。まだまだ、完成形ではないため、システムにおいても、カウンセリング技能においてもさらに進化していく可能性を秘めており、これまで以上に効果の高いものに育てていくことができると考えています。

（取材協力）
東京メンタルヘルス株式会社　武藤収　専務取締役
NPO法人東京メンタルヘルス・スクエア　新行内勝善　カウンセリングセンター長

事例①京都アニメーション放火殺人事件

1. 背景・概要

　これまでさまざまなSNS相談の立ち上げや運営に関わってきましたが、なかでも印象に残っているものの1つに2019年7月に起きた京都アニメーション放火殺人事件に関するSNS相談があります。

　京都アニメーション放火殺人事件は、多くの人が亡くなったということで日本中に大きな衝撃を与えました。衝撃の種類にはいくつかあり、1つはアニメファンの人たちを非常に絶望させたこと、もう1つはクリエイターの人たちに自分もある日被害者になるのではないかという強い恐怖を植え付けたこと、そしてもう1つは、被害に遭った人の家族や近所の住人が事件のフラッシュバックにさいなまれたことです。

　当初は誰を対象にSNS相談を実施すればいいかわからないところもあり、どのようなケアをしていけばいいのかについて非常に葛藤しました。たとえば、アニメファンに向けて行えばいいのか、クリエイターを対象とすればいいのか、悩ましく思いました。しかし考えてみると、京都アニメーションは企業であるため、職場の社員には会社が手厚くケアをすることができますが、家族や近隣住民に関してのケアはその対象を含めて非常に難しい課題でした。

　自治体からは、近隣住民に対して、保健師を中心とした訪問型のケアが実施されました。しかしながら、実際には、たとえば、自分の教え子が被害に遭ったという教職員がつらい思いをしているという相談や、事件後、通勤・通学で同じ車両を使っていた人の姿が見当たらないという相談がありました。また、アニメファンの人によって設けられた献花台が通学路にあることで、通学中の子どもたちが凄惨な事件を思い出し、子どもたちのメンタルヘルスによくない影響が出るのではないか、といった声もありました。

　いわば、直接の家族や親族ではないものの、さまざまな立場から、京

都アニメーション事件をめぐる不安や心情の吐き出しも含めて、「話をしたい人」が多くいることがわかりました。被害者の家族の皆が京都にいるわけではありませんが、近隣地区の自主防災会や自治体、京都の地域社会に根ざした相談援助活動を担っている特定非営利活動法人NPO亀岡人権交流センターと協議を重ね、「京都府民SNS相談」という名前で、地元京都でのSNSを使った社会的災害の緩和ケアをしていくことになりました。

 2. 体制の整備

NPO亀岡人権交流センターとの役割分担などを協議しました。当該自治体や自主防災会など地縁団体と意見交換を重ね、SNS相談だけではなく、現地での居場所としてのケアができるよう体制を整えました。そして、NPO亀岡人権交流センターより周知を行いました。

カウンセラー等への教育としては、一般財団法人全国SNSカウンセリング協議会指定のSNSカウンセラー10時間講習受講に加えて、京都府民の現状を含め、NPO亀岡人権交流センターの講義を受けました。

 3. 相談の内容

2019年12月から相談の受付を開始し、2020年3月まで、月命日の18日に毎月1回実施しました。月1回であっても、なかなか話せないようなことを話せる場として機能したのではないかと感じています。

相談内容（話したいこと）として、以下のようなものがありました。

- 京都アニメーションの事で人1人の思いや判断でこんなにもたくさんの方が亡くなったと思うと怖くなる。
- こういうことが起こらなくなるためにはどうしていったらよいか？
- 京アニ事件のフラッシュバック、やり場のない怒り、悲しみ。周囲の人とは、辛さのために話題を避けるようになっている。

第2章 SNSカウンセリングの実際

- ・通勤電車で一緒になることが多かった女性のことで、モヤモヤしている。その女性が京アニの方かはわからないが、事件後にあうことがなくなった。最近は彼女のことを思い出すことは減ったがモヤモヤしている。
- ・事件当日の消防車なども覚えている。
- ・事件後は、自分にできることとして募金を行っている。

（※）内容は、個人が特定できないように加工しています。

 ## 4. 実施後の検証

　相談を受けた後に、「今日の相談はいかがでしたか」というアンケートを取りました。

　自由回答として、以下のようなものがありました。

- ・とても相談しやすいので、思春期の子ども達にはぜひ利用してもらって、一人で悩まないでほしいと思いました。
- ・本日は有り難うございました。これからも活用して行きたいです。
- ・安心出来ました。
- ・月1は少ない。
- ・長い時間、相談にのっていただき、ありがたいです。

（※）内容は、個人が特定できないように加工しています。

（取材協力）
一般社団法人全国心理業連合会　髙溝恵子　理事・事務局長

> コラム

LINEオープンチャット 「がんばろう首里城〜語る会」

　2019年10月31日未明に発生した首里城火災。沖縄の象徴であり、心の拠り所、アイデンティティでもあった首里城の焼失は、日本全国に大きな衝撃と深い悲しみ、喪失感を与えました。

　一般社団法人全国心理業連合会は、首里城焼失にあたり、LINEオープンチャットを用いて「がんばろう首里城〜語る会」を開設し、2019年12月1日〜2020年1月1日、心のケアを行いました。

　地域で心の拠り所となっていた象徴が失われたような場合、個別に相談するよりも、思いを共有することで、悲しみや喪失感を徐々に受け入れていくことにつながります。首里城焼失の心のケアにおいても、それぞれの心の中にある首里城の思い出を語り、その思いを共有することで、再建への強い思いにつながると考えました。そこで、LINEの「OpenChat」を用い、心理カウンセラーも交えた交流の場を設けました。LINE「OpenChat」は、LINEのグループトーク機能を拡張した機能であり、誰でも参加できるグループを作成し、友だち以外のユーザーとも交流できるグループチャットです。

　「がんばろう首里城〜語る会」では、プロフェッショナル心理カウンセラーが、参加者への声掛けやグループセラピー的な役割を行いました。

事例②SNS誹謗中傷等心のケア相談

1. 背景・概要

　京都アニメーション放火殺人事件やダイヤモンド・プリンセス号での SNS相談は、短期間で立ち上げ実施に踏み切ることになります。一方で、多くの人が日常的に直面しているような各種の課題に関しては、ある程度の準備期間を置いて立ち上げることになります。

　たとえば、誹謗中傷に関しては、元日本女子プロレスラーの木村花選手の事件を初めとして、インターネットを使った誹謗中傷に悩んだことがある人は非常に多いものです。過去の相談経験からも、実際に多くの人が悩んでいるという実感もありました。

　国会でも開示請求も含めた立法化の動きなどの対策が検討されていますが、開示請求などができるようになったとして、誹謗中傷に悩んでいる人たちの問題が解決するとは言い切れません。多くの若い人たちは、開示請求の権利を行使できるかというと難しいところがあります。

　そこで、実際に多くの人が悩んでいると考えられる誹謗中傷のSNS相談窓口（LINE相談窓口）を立ち上げました。

2. 体制の整備

　まず、大切にしたのが、私たちはインターネットやSNSとどのように向き合い、どのような使い方をしていくのか、何のために使うのか、どのような環境下で使っていくのかについても、相談者としっかり話をするということでした。

　実際、2020年7月から始めた「SNS誹謗中傷等心のケア相談」には、10代の相談者が多く見られました。この世代は物心ついたときからスマートフォンが手元にあって、当たり前のようにインターネットを使っていたわけですが、だからこそ、被害を受けたからといってインターネッ

トやSNSの使用をやめるべきではありません。本当は日常的にインターネットやSNSに関する教育が必要だと感じ、相談を受けた機会に、私たちのほうから相談者に、SNSとどのように向き合っていくかについて話をしました。

　なお、誹謗中傷のSNS相談に関しては、日本国民全員が対象になります。2019年11月から開始した「ひきこもり生きづらさココロゴトSNS相談」のときに、LINE広告を使って友だち登録を促すということを試みていましたので、今回もLINE広告で誹謗中傷に悩んでる人への友だち登録の案内を行いました。10代の若者を中心に6,000人以上の友だち登録があり、このテーマへの関心の高さが推察されました（**図3−1**）。

図3-1　SNS誹謗中傷等心のケア相談の友だち追加件数

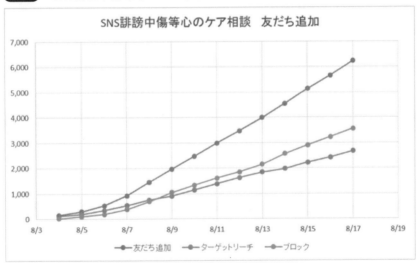

（出典）一般社団法人全国心理業連合会「SNS誹謗中傷等心のケア相談2020/8/4-2020/8/17 実施レポート」

 ## カウンセラー等への教育

　一般財団法人全国SNSカウンセリング協議会指定のSNSカウンセラー10時間講習受講に加え、立ち上げにあたって、私たちカウンセラーも誹

誹中傷の領域に関しては勉強が足りないところが多分にあると思い、発信者の開示請求などに詳しい弁護士の講義を受けました。そしてまずは、誹謗中傷にあったときには、法律的にはどのような対応が取れるのか、法律の手前で取れる対応は何なのかということを理解しました。

つまり、誹謗中傷の相談に関しては、カウンセラー自身がどこまで対応して、どこから専門家に依頼するのかを明確にしたのです。このうえで、精神的なダメージについてどのようにケアをするのかを見極めることを大切にしました。

 4. 緊急対応

誹謗中傷のSNS相談では、「死にたいぐらいつらい気持ちだ」という相談も受けましたが、警察や病院に連絡するまでのものはありませんでした。また、弁護士につなぐこともありませんでした。なお、相談者に専門窓口について情報提供をした例はありました。

 5. 実施後の検証

「SNS誹謗中傷等心のケア相談」は、2020年7月27日〜8月17日、毎日19時〜22時に実施しました。当初は、誹謗中傷に苦しんでいる成人からの「発信者を特定して訴えたい」という相談を想定していました。しかし実際には、相談の約8割は傾聴・助言であり、SNS等の通報機能や削除方法・ブロックの方法などを教えたのが約1割であり、これらの相談が全体の9割を占めました。

相談の結果は、当初予定していた弁護士を紹介しての開示請求よりは、「話を聞いてほしい」という心のサポートを求めている人が非常に多かったのです。さらに、相談者は10代の子どもや若者がほとんどで、相談者たちが抱えている悩みの多くが、インターネットで誹謗中傷されて嫌な経験をしたため、SNSなどを使うと、また嫌な目に遭うのではないかという不安でした。

　この結果は、私たちにとっても意外なものでした。被害に遭った人がどのようにするかという相談窓口や受け皿はそれなりに整ってきましたが、その手前のSNSに対する不安や恐れを抱いている人の受け皿はまったくありません。また、実際に被害に遭っている可能性のある成人からの相談がほとんどなかったことについても、どのようしていくかが今後の課題となってきます。

図3-2　SNS誹謗中傷等心のケア相談の対応結果

対応結果

項目	件数	%	備考
傾聴のみ	46	46.9%	
通報・削除・ブロック	12	12.2%	通報の仕方、削除やブロックの仕方を教えた
情報提供（弁護士等）	1	1.0%	発信者情報開示等希望
情報提供（専門機関）	1	1.0%	法務省など専門機関
情報提供（警察通報）	0	0.0%	
その他助言	31	31.6%	
その他情報提供	3	3.1%	
緊急対応	0	0.0%	自死・他害等
その他	4	4.1%	
	98	100.0%	

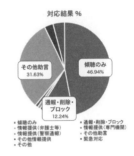

対応結果 %

その他助言 31.63%
傾聴のみ 46.94%
通報・削除・ブロック 12.24%

・傾聴のみ　・通報・削除・ブロック
・情報提供（弁護士等）　・情報提供（専門機関）
・情報提供（警察通報）　・その他助言
・その他情報提供　・緊急対応
・その他

（出典）一般社団法人全国心理業連合会「SNS誹謗中傷等心のケア相談2020/8/4-2020/8/17実施レポート」

図3-3　SNS誹謗中傷等心のケア相談の相談内容

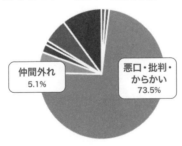

仲間外れ 5.1%
悪口・批判・からかい 73.5%

・反社会行為暴露　　・不適切行為暴露
・アウティング　　　・その他の情報暴露
・悪口・批判・からかい　・仲間外れ
・性的内容　　　　　・犯行予告・脅迫
・その他の情報暴露　・不明

（出典）一般社団法人全国心理業連合会「SNS誹謗中傷等心のケア相談2020/8/4-2020/8/17実施レポート」

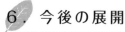

6. 今後の展開

　まず、成人がアクセスをしてくるためにはどのようしたらよいかを考えています。そして、10代とは違う年齢層の悩みなどを聞けるとよいと思っています。

　たとえば、20代以上に向けて広告配信を行い、実際に相談に来たかなど、年齢ごとに実証を積み重ねていきたいと考えています。

（取材協力）
一般社団法人全国心理業連合会　髙溝恵子　理事・事務局長

第4節 事例③自治体・教育委員会でのLINE相談

 ## 1. 背景・概要

2011年10月、滋賀県大津市内の中学校で当時２年生の男子生徒がいじめを苦に自殺するという事件が起こりました。「大津市中２いじめ自殺事件」は、2012年になってから発覚し、事件前後の学校と教育委員会の隠蔽体質が浮き彫りとなり、大きく報道されました。翌年2013年６月には、本事件を受けて「いじめ防止対策推進法」が国会で可決されるなど、学校におけるいじめ問題の転機ともなった事件です。

以後、大津市は、いじめ問題の解決に積極的に取り組むようになっていますが、その一環として行われたのが「LINEを利用したいじめ防止対策事業」です。事業の目的は、既存の相談窓口に加えてLINEでもいじめ等に関する相談受付を行うことで、相談窓口の選択肢を増やすとともに、より相談のしやすい環境を整備することでした。LINE@アカウント「おおつっこ相談LINE」を開設し、2017（平成29）年11月～2018（平成30）年３月末、大津市中学校３校の生徒約2,500人を対象に実施されました。

 ## 2. 体制の整備

いじめ相談は自治体の教育委員会と協働することがほとんどですが、事前準備として最も必要なのは緊急対応のフロー図を作っておくことです。フロー図というのは、教育委員会と警察、私たち事業者の役割や連絡体制をまとめたものです。たとえば、「これは自殺する恐れがあるのでは」という相談があった場合、どこに報告をして、誰が何をするというフロー図があるとスムーズに動けます（**図4－1**）。緊急対応のフロー図をしっかり作っておくというのは、いじめ相談すべてに共通することです。

第２章　SNSカウンセリングの実際

図4-1 緊急対応のフロー図の例

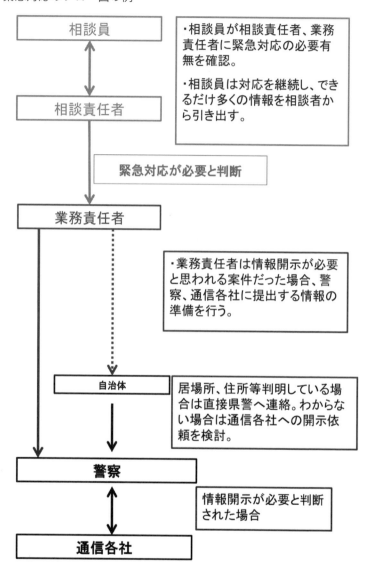

相談員

・相談員が相談責任者、業務責任者に緊急対応の必要有無を確認。

・相談員は対応を継続し、できるだけ多くの情報を相談者から引き出す。

相談責任者

緊急対応が必要と判断

業務責任者

・業務責任者は情報開示が必要と思われる案件だった場合、警察、通信各社に提出する情報の準備を行う。

自治体

居場所、住所等判明している場合は直接県警へ連絡。わからない場合は通信各社への開示依頼を検討。

警察

情報開示が必要と判断された場合

通信各社

（出典）株式会社アイディアヒューマンサポートサービス提供

　また、いじめ相談を受けたときに、カウンセラーと相談者の間で何とかしようと考えるだけではなく、教育委員会を経由して学校に働き掛けてもらうということもいじめに悩む子どもたちを救う手段としては有効です。したがって、学校への働き掛けについても事前に教育委員会と打ち合わせておくことが重要になります。

3. 関係部署への周知

　いじめ相談の場合、教育委員会から各学校に周知します。多くはQRコードを付けたカードを配布するという方法です。そのうえで、学校の先生から「もし何か悩みがあれば、LINEで相談ができます」ということで、各児童・生徒に配布します。誹謗中傷などの場合、広告くらいしか周知の手段がありませんが、教育委員会のいじめ相談は、LINEアカウントへの友だち登録をする人も多く、非常に行き届くいい方法だと言えます。

4. カウンセラー等への教育

　一般財団法人全国SNSカウンセリング協議会指定のSNSカウンセラー10時間講習受講に加え、相談員として担当するカウンセラーは年齢層が高いことが多いため、相談者（児童・生徒）と同じ目線に立つことを伝えています。年齢層の高いカウンセラーは、親目線で話しがちのため、児童・生徒としっかり目線を合わせるように教育しています。

　具体的には、いじめがインターネット経由で行われる以上、相談員自身もさまざまなSNSツールを自分で使ってみることが求められます。また、相談者がどのようなアニメを見て、何に関心を持ち、何が流行しているのかを知っておくほうが話しやすくなるため、今の子どもたちの興味のあることや関心が高いものに、自分も関心を向けておく必要があるということも伝えています。

5. 緊急対応

　いじめ相談をSNSで行っていると、匿名性の高さから親からの虐待や援助交際、自殺願望といった「いじめ以外の相談」が寄せられることもよくあります。その場合、「このアカウントはいじめ相談だけだから」と切り捨てるのではなく、通告すべきときは通告するなどしっかりと対応していくことも、緊急対応の1つとなります。

　いじめ相談の場合、以前はいじめの定義に「長期にわたる」「執拗な」といった言葉が入っていましたが、現在では、「本人がいじめだと思ったら」と定義が変わっています。いじめの申告を受けたときに、本人なりに努力ができることもあるかと思いますが、教育委員会と連携して周囲からの支援を行います。もちろん、本人の同意を得たうえですが、教育委員会経由で対応していくことで、いじめられていた状況が改善されれば、非常に価値のあることといえます。

6. 今後の展開

　いじめ相談は教育委員会から学校にカードを配り、学校の先生が児童・生徒に配ることで周知していますが、先生の中には、実施しても意味がないと思い、配付に協力的ではない人もいます。このため、児童・生徒に周知できず相談につながらないケースがあります。

　自治体によっては、私たちのようなカウンセラーが直接学校に訪問し、SNS相談にどのような意味があるのかを先生たちに話すこともあります。つまり、先生への啓発活動です。今後は児童・生徒たちに対し、SNS相談だけでなく、困ったときに身近な大人に相談するにはどのようにすればいいのか、困ったときに自分自身がどのように対応していくといいのかということを教育する機会が増えるとよいと考えています。

（取材協力）
一般社団法人全国心理業連合会　髙溝恵子　理事・事務局長

コラム

児童養護施設の受験生相談

　新型コロナウイルス感染症拡大に伴って、緊急事態宣言により、多くの子どもたちが自宅待機と自宅学習を余儀なくされました。一般家庭にあっても困難が増えましたが、さらに困難であったのが児童養護施設の子どもたちです。

　特定非営利活動法人NPO亀岡人権交流センター友永まや事務局長は、「施設にいる子どもたちは、学校が休みになると、施設の寄宿舎で終日過ごすことになるわけですが、自宅で家族や友人と過ごす子どもたちと異なる環境に置かれます。人間関係だけではなく、インターネット環境を整えてオンライン授業を受けることが難しかったり、パソコンを持っていなかったり、さらにはスマートフォンも持っていなかったりということがあります。特に受験生には、環境の差のために学習が遅れたり、行きたい学校に行けなかったりということにもつながりかねません」と語っています。

　そこで、児童養護施設の受験生たちにLINEにより学習を受けられるシステムを搭載したスマートフォンを貸与して、学習に活用できるようにし、あわせて日曜日にはカウンセラーが心の相談を受け付けるというサービスを提供しています。

　貸与の対象が受験生ということもあり、進路の相談が多いですが、施設を出てからどのようになるのだろうかという、先の人生も含めたものが多いように感じています。また、施設の中も含めた人間関係についての相談もあり、子どもたちをしっかりと支えていくことが非常に大切なことだと感じています。

事例④SNSカウンセリング～ココロの健康相談

1. 背景・概要

　自殺相談については、今までは「いのちの電話」に代表される一般社団法人や特定非営利活動法人などがボランティアで行ってきました。そして、団体に対し、国や自治体が補助をするという方法で運営されてきたという歴史があります。そこにSNSでも相談できるようにしようということで、2018年３月、LINEでの相談窓口「SNSカウンセリング～ココロの健康相談」が開設されました。

　「もう死にたい」と思う背景には、①経済的な困窮、②精神障害のようなもの、③過去のトラウマ、④人間関係、⑤介護等の疲れ、⑥過労状態などさまざまなものがあります。したがって、自殺防止をするといっても、１つの団体だけですべてを担うのは難しいところがあります。そこで現在では、さまざまな専門家同士がチームを組んで、連携して自殺相談を行うという流れになっています。

　たとえば、死にたいぐらいの相談を聞いたときに、理由が生活困窮の場合はソーシャルワークの活動をしている団体につなぎ、一緒に行政窓口に行き、生活保護の申請をするといったこともしています。一方、経済的に困っているといった具体的な原因はないが、毎日、何となく死にたいという考えが続いているような場合には、心理的なサポートが必要になり、心理相談を中心に活動している団体につなぎ、一緒に対処するようにしています。

2. 体制の整備

　自殺相談は、１団体だけですべて対処するというよりは、それぞれの得意分野を活かしながら対処するようにしています。したがって、各団体の役割のすみ分けや、対応の範囲について、事前に打ち合わせをする

ようにしています。自殺相談に関しては、自分たち以外の団体ともしっかりとコミュニケーションをとることで、さまざまな要因に対応できるようにしておくことが非常に大切になります。

3. 関係部署への周知

　厚生労働省の事業の場合、自殺対策強化月間や自殺予防週間に、厚生労働省から告知がされます。

　「SNSカウンセリング〜ココロの健康相談」を行ったときは、LINE相談の専用アカウントを立ち上げると、相談開始日の3月1日には2万人以上の友だち登録があり、まず、その数に驚きました。そして、2018年3月末の相談終了時には登録数は6万人を超え（**図5-1**）、それ以降、相談受付を終了したのにも関わらず登録数が増え続けて7万人を超えました。

図5-1　SNSカウンセリング〜ココロの健康相談の友だち登録数

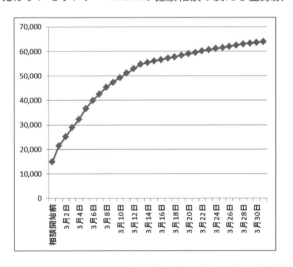

（出典）一般財団法人全国SNSカウンセリング協議会「平成29年度 厚生労働省自殺対策事業［追加公募］【SNSカウンセリングによる自殺相談事業】SNSカウンセリング〜ココロの健康相談〜事業実施報告書　2018年3月実施」

4. カウンセラー等への教育

　死にたい思いのある人の相談を受けるということで、必ず特別な事前研修を行っています。相談者の命がかかっているため、『死にたい』との声に対して、『そのようなこと言わずに頑張りましょう』『生きていればいいことがあります』といった言葉は逆効果になるということも、事前研修で改めて徹底して伝えるようにしています。

　あるいは、『死にたい』とは言わないけれども、ここまで追い詰められた状態であると、もしかしたら死にたい気持ちを持っているのではと思われるときもあります。その場合は、カウンセラーから、『もしかして、もう、人生を終わらせたいと思うようなこともありますか』ということをあえて聞くこともあります。こうした研修や練習をあらかじめ積み重ねるという点が、いじめや誹謗中傷などの相談とは違うところになります。

5. 緊急対応

　自殺相談ではよく起こる緊急対応ですが、やはり緊急対応フロー図を事前に作り、事前に対応の方法を決めておくことは必ず行っています（**図5-2**）。

図5-2 SNSカウンセリング～ココロの健康相談の緊急時の対応フロー

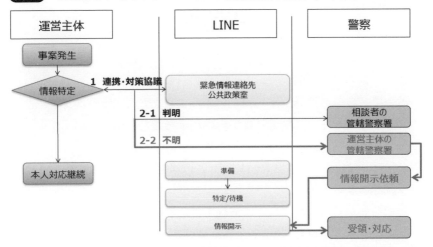

（出典）一般財団法人全国SNSカウンセリング協議会「平成29年度 厚生労働省自殺対策事業［追加公募］【SNSカウンセリングによる自殺相談事業】SNSカウンセリング～ココロの健康相談～事業実施報告書　2018年3月実施」

　SNSはテキストだけのやり取りとなるため、「死にたい」という言葉があったとしても、相談者がどこまでの状況なのか判断がつきにくいこともあります。しかし、最近は再び自殺者も増えており、何より命には代えられないため、必要と判断される場合は、緊急対応に移行するようにしています。

6. 今後の展開

　厚生労働省の自殺防止対策事業の場合、ソーシャルワーク中心の団体がデータを詳細に分析しており、どのような手法が効果的なのかもしっかりとまとめています。私たちカウンセラーの相談も、蓄積されたデータ・手法に基づいて実施しています。今後はさらに、私たちの持っている強みを活かしながら、果たせる役割は何かを協議と実証を積みながら実行していければよいと考えています。

（取材協力）
一般社団法人全国心理業連合会　髙溝恵子　理事・事務局長

DV相談

　自殺相談が「自分で人生をどうするかを決める」ということになるのに対し、DV相談の場合、相談者は被害者という立ち位置になるので、自分の意思に関係なく殺されてしまうというリスクがあります。したがって、被害者に相当の配慮をした枠組みを取ることになります。

　DV相談は国や自治体としても、これまでよりも手厚く行うという流れになっています。特に、新型コロナウイルス感染症の影響で在宅勤務が増えたり、緊急事態宣言のために外出ができなくなったりしたことで、DVの加害者と被害者が常に１つ屋根の下にいるという時間が長くなりました。実際に相談も増え、SNS相談に限らず、電話相談などを含めて、拡充していく動きがあります。相談窓口の周知に関しては、主に女性に向けて発信したいため、スーパーマーケットに案内を置くなど自治体によってさまざまな工夫をしています。

　SNSであれば、加害者が隣にいても相談ができます。電話相談の場合、加害者が隣にいると電話が使えないのに対し、SNSでは加害者が隣にいても助けを求めることができます。しかし、助けを求めていることが加害者に知られると、さらに逆上させて暴力をエスカレートさせる可能性もあります。SNS相談を受けるときにも、今、安全な状況であるかということを必ず確認します。被害者が安心して相談できる環境にあるかということをきちんと確認をするということが大事です。加害者が近くにいる場合が一番緊急事態といえますので、身の危険を感じたら、自分の身を守ることを第一にしてほしいということを伝えています。なお、SNS相談の手法・内容については、基本的には開示しないことにしています。

　また、SNSのメリットでありデメリットでありますが、匿名性の高さから、本人になりすまして、情報を収集しようとしてくる場合

もありえます。このため、相談を受けたら、国や自治体の専門家に
つなぐという対応をすることになっています。今まさに、暴力にさ
らされている生活状況にある案件も多いため、SNS相談だけで何と
かしようとするのではなくて、その生活状況を現実に改善していく
助けとなるような専門機関（全国の配偶者暴力相談支援センター、
全国の自治体など）につなぐことによって、命と生活と安全を守る
ようにしています。

第 2 章

S N S カウンセリングの実際

87

第6節　事例⑤大阪北部地震 心のケア

1. 背景・概要

　災害時の遠隔地からのSNS相談は、おそらく世界で初めての試みではないかと思っています。一般社団法人全国心理業連合会では、従来も災害支援を行っており、2011年の東日本大震災のときには、著者自身が1995年の阪神・淡路大震災の被災者ということもあり、「これはカウンセラーが行くべきである」と考え、著者が東北に通い支援活動を行ったこともあります。東日本大震災のときは、発生から1か月も経たない4月1日に現地に入り、毎週、避難所を訪問しました。その後、被災者たちが避難所から仮設住宅に移ってからも、毎週、カウンセラーが東北に足を運ぶということを続けていました。

　災害支援は言わば著者のライフワークであり、全国心理業連合会の理念としても行っています。しかし、災害支援のケアは、たとえば、東日本大震災では東京から東北までの物理的な距離の問題があり、また、遠隔地ではなかったとしても、災害直後は人命救助やライフライン復旧が優先であるため、心のケアを行うカウンセラーよりも自衛隊の派遣のほうが優先されます。したがって、心のケアが大切だとわかっていても、現地に足を運ぶというのは簡単なことではないというのも事実です。

　しかし、心のケアが必要だといえる理由として、大きく2つがあります。1つは、医療機関の負担の軽減のためです。災害の後のさまざまなトラウマやフラッシュバックの中には、心のケアを行えば落ち着くものもあります。一方、トラウマやフラッシュバックも含めてすべての相談が医療機関に持ち込まれると、本当に医療的な措置が必要な人にマンパワーをさけなくなります。心のケアを私たちカウンセラーが担当できれば、医療機関の人たちは本来の医療業務に専念できます。

　もう1つは、現地で働く医療関係者や自治体の職員、保健師といった人たちの負担の軽減のためです。現地で働く人は自身も被災者である場

合が多く、被災者であるにもかかわらず、他の被災者の支援を行うというのは、仕事とはいえ大変な負担になります。現地で働く人たちの業務を、被災者ではない私たちが少しでも肩代わりできればいいという理由です。

被災者の心のケアをすることは非常に意義がありながら、現地に入る難しさもあり、何とかできないかと考えていたときに始まったのがSNSを使った心のケアでした。2018年に大阪北部地震が起こり、「このようなときこそSNS相談ではないか」ということで、実証することになりました。SNS相談であれば、カウンセラーが現地に行く必要がないため、距離の問題が解消されます。また、災害地以外のカウンセラーが担当するため、被災者が被災者の心のケアをしなければならないという問題も解消できます。

そこで、全国心理業連合会と全国SNSカウンセリング協議会の協働により、2018年6月22日〜7月1日、大阪北部地震の被災者を対象に、専門のカウンセラーによるLINEを利用した無料相談を実施しました。

2 体制の整備

やはり、事前に緊急対応フロー図を作成しておくことが大切です。

また、災害時のSNS相談は、カウンセラーの団体だけでは周知させるにはハードルが高いものです。避難所にQRコードを貼り出すという方法もありますが、今後は、事前に自治体と協定を結んでおき、災害時にはすぐに対応できるようにするといった動きができれば、そのなかで周知についても解決するのではないかと考えています。

「大阪北部地震 心のケア」では、自治体長がSNS等で、相談窓口があることを発信してくれました。これにより、多くの人が「相談してみよう」と考え、行動へとつながりました。

3. カウンセラー等への教育

　災害時の心のケアがどのようなものかということを理解していないと、間違った対応をすることになります。このため、阪神・淡路大震災や東日本大震災の経験をベースにし、どのような相談が寄せられそうかというシミュレーションをし、話の聴き方などの事前研修を行っています。

　災害はいつ起こるかわかりませんが、起きてから研修を行うようでは役に立ちません。いつか起きるときに備えて、事前の準備や研修を心がけておくことが非常に大切になってきます。

4. 実施後の検証

　LINEでの相談は、他の事例では若年層について効果が見られていましたが、「大阪北部地震 心のケア」は30代に最も多く利用されました。また、LINEでの相談は、電話相談の約13倍の件数となりました。

　「大阪北部地震 心のケア」では、実施後、相談者にアンケートを取るのではなく、すべての相談内容に目を通し、満足度を確認しました。

　満足したかどうかを知るポイントは、2つあります。1つは、相談者がどのくらい話したいことを話し切っているかということです。もう1つは、相談のなかで、「それではこうしましょう」という何らかの着地点に到達しているかどうかということです。十分に話し切っていないにもかかわらず、相談者から『ありがとうございます』と伝えられて終わるようなケースは、満足度は低いと判断しました。

　今回、LINEによる相談を導入したことで、地震後、悩んでいるのは自分だけではないかと思っていた人や、阪神・淡路大震災を経験した年代の人に対し、相談しやすい環境が提供できたのではないかと考えています。また、災害の心のケアを担当した経験のあるカウンセラーが対応することで、8割以上の被災者に対して効果的な対応ができたことも、大きな成果であったと考えます。

図6-1　大阪北部地震 心のケア相談　相談イメージ

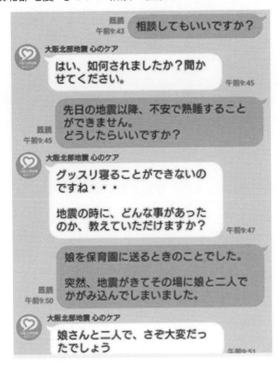

 5．今後の展開

　事前に自治体と協定を結んだり、「いつか」のための話し合いができたりするようにしたいと考えています。

　「大阪北部地震 心のケア」では、地震発生から4日後にLINEによる相談を開始しました。さらに、より早い時期に導入することができるような仕組みを構築することにより、災害時の心理面の緩和と、専門機関が機能するための環境をつくることができると考えます。

（取材協力）
一般社団法人全国心理業連合会　髙溝恵子　理事・事務局長

コラム

TeamJapan300 東日本大震災
心のケアボランティア

　2011年３月、一般社団法人全国心理業連合会は「TeamJapan300」を立ち上げ、東日本大震災で被災した地域に「元気な生活を取り戻していただきたい」という想いを持ち、2011年４月より現地入りし、避難所への訪問活動を開始しました。そして、被災地の人たちに寄り添い、今必要なことを共に行っていくことが一番の心のケアであると考え、物資の支援をはじめ、労働支援、子どもとの遊び、話し相手など、さまざまな活動を行いました。

　その後、震災より６か月を経過した頃には、仮設住宅や集合住宅への訪問を依頼されるようになりました。また、行政機関や医療機関などからは、実際にケアにあたる側である、看護師、保健師、介護ヘルパー、市職員への「心のケアの研修」も、複数求められるようになりました。

　被災地での心のケアは、自治体が主体となり、保健師、社会福祉協議会職員、臨床心理士、心理カウンセラー、精神科医がセイフティーネットを形成しました。

（出典）一般社団法人全国心理業連合会ホームページ
https://www.mhea.or.jp/counselor/
counselor_04.html

　復興と言うと、資源(人、モノ、金)に意識が向きますが、復興に向かう力は、「支え合い大切にし合える心」「感謝と思いやりの心」そして「折れない心」「未来を創る心」など、人の心の力が必要なのです。

第7節　事例⑥DAIDO Heart@LINE

 1. 背景・概要

　私たちの自主事業や国・自治体の枠組みの中での相談に対し、産業分野のSNS相談の場合は依頼元が企業や業界団体であり、そこで働く人が相談の対象となります。そして、依頼元が企業の場合、さまざまな意味での結果を求められることになります。

　大同生命保険株式会社の場合は、もともと、モチベーションを維持・向上し、1人ひとりの成長を支援するという目的で、メンター制度やOJT制度など、若手社員に対して手厚いサポートがある企業でした。そして、支援のさらなる充実のため、2019年8月より、仕事・プライベートに関するさまざまな相談への継続的な対応など、若手内務職員に対するSNSを活用した相談サポート「DAIDO Heart@LINE」が導入されました。

図7-1　DAIDO Heart@LINEの概要

（出典）大同生命保険株式会社「SNS産業カウンセリングシンポジウムパネルディスカッション」（令和2年11月26日）資料

第2章　SNSカウンセリングの実際

93

2. 事前の決定事項

　相談を受ける過程で仮に「もう辞めたい」といった話になったとき、どのように連携を取るかということは、事前にしっかりと取り決めを行います。大同生命保険のようにメンターやOJT制度というサポート制度がある企業の場合、相談内容に応じて「メンターに相談してください」と勧めたり、上司やチーム内でのコミュニケーションの取り方のヒントを伝えたりすることもあります。私たち相談員のほうから、直接、人事担当者につないだりすることもできます。また、相談した内容が上司に伝わることはないため、安心してほしいと伝えることも行います。

　社員のモチベーションの低下は企業にとって大きな損失になることから、「自信がない」「周囲との関係性に悩んでいる」などの相談に対してどのように対応するか、しっかり打ち合わせておくことが大切になります。

3. 関係部署への周知

　大同生命保険では、新入社員研修の際にメンタルヘルスの大切さや心と体の整え方、モチベーションの上げ方といった話をしたうえで、そのサポートとして、SNS相談があることを伝えました。新入社員研修や2年目研修のときに、メンタルトレーニングの大切さを伝えるなかでSNS相談を勧めると、自然な流れになり、研修の効果を測定できるいいフォローアップにもつながります。

4. カウンセラー等への教育

　自治体の相談と異なり、産業分野でのSNS相談で大切なことは、相談が来るのを待つのではなく、カウンセラーから定期的にすべての人に声を掛ける必要があるという点です。

　企業で働いている人は忙しさのために相談のきっかけがつかめなかっ

たり、相談の時間が取れなかったりということもあります。相談がないからといって、悩みがないとは言えません。カウンセラーから積極的に声を掛けていくと、「相談しようと思っていました」という人もいて、話してもらうことが悩みの解決につながるというケースもあります。このため、事前のカウンセラー教育では、一般財団法人全国SNSカウンセリング協議会指定のSNSカウンセラー10時間講習受講に加え、「月１回は全員に声を掛ける」といったことを徹底しています。

　また、個人のカウンセリングでは、仕事を変えることも１つの選択かもしれないという結果になることもあります。しかし、社員１人ひとりに成長して力を発揮してもらうことが目的の企業のSNS相談の場合は、何が起こっているかということを聞き、現状を変えていく方向性はないのかという観点で話すことが大事になります。ときには、企業側が社員の置かれている状況に配慮することで、問題が解決することもあります。自治体等のカウンセリングしか経験のないカウンセラーの場合は、この点の認識がずれることがあるため、目的についてしっかりと教育をするようにしています。

　なお、業界・業種によっても悩みの内容は変わってくるため、カウンセラーは業界・業種のことについて知識を深めることも大切になります。

5　導入の注意点

　社員のモチベーションを上げる取り組みの必要性は、お金に置き換えると非常にわかりやすくなります。仮に社員が１人離職すると、また欠員分の採用にコストをかけなければなりません。そこで、私たちがよく話しているのは、欠員分の募集の広告費相当額を離職防止に充ててはどうかということです。社内で意見が分かれていたとしても、離職防止に投資することのメリットを理解してもらえるように努めることが必要かと思います。

　企業の場合、自治体以上に予算の中で施策を決めていくことが大事に

なります。社内の状況を丁寧にヒアリングしながら、周りの理解を得ながら進めていくことになります。

 ## 6. 実施後の検証

　成功したかどうかは、導入企業の要望にどれだけ応えられたかで決まります。

　大同生命保険の場合、1人ひとりの社員がやりがいを持って仕事に取り組める環境づくりを人材育成の目標に掲げていたため、どのくらいモチベーションが変化したのかを、相談後の満足度調査を通じて確認できる体制を整えました。また、継続してSNS相談を利用したいと思っているか、相談員の対応に対してどのように評価しているかなども、あわせて確認できるような内容としています。

　このように、相談後の満足度調査結果をもとに、求める成果が得られたかを、依頼元企業に判断してもらうことが必要になるかと思います。

 ## 7. 今後の展開

　大同生命保険では、「すぐに相談できる窓口」として、今後も「DAIDO Heart@LINE」をより一層機能させるために、各種研修やガイダンスでの案内、さらに、定期的な案内により相談アカウントの登録者数拡大をめざしていくとのことです。

　また、「すべての従業員が挑戦・成長を実感できる会社、長く活躍できる会社」となるために、育児・介護休業者や短時間勤務者などで仕事と家庭の両立を行っている社員へのSNS相談サポートの拡充も検討されています。

(取材協力)
一般社団法人全国心理業連合会　髙溝恵子　理事・事務局長

第8節 事例⑦JSここメン（LINEチャット）

1. 背景・概要

　介護現場職員は、職場での昇進などよりも、利用者と触れ合うことに働く喜びを感じる人が多いという特徴があります。しかし近年、認知症の入所者が増加し、利用者とのコミュニケーションが取りにくくなり、暴言などを受けることもあって、職員のストレスがたまりがちになっています。

　さらに、新型コロナウイルス感染症の拡大・長期化により、職員は通常以上に厳格な感染予防措置を取る必要があり、常に緊張感とストレスにさらされ、職員間の会話や交流も最小限になったことで孤独を感じやすくなっています。

　緊張状態やストレスの高まりが介護現場職員等の精神衛生に支障をきたし、利用者のケアの質に影響することが懸念されたことから、2020年4月、公益社団法人全国老人福祉施設協議会は、産業医による電話相談窓口を開設しました。しかし、全国老人福祉施設協議会は介護事業者の施設長を会員とする組織であるため、介護現場職員にサービスが届きにくく、相談内容も管理職からの相談が多いという課題がありました。

　そこで、令和2年厚生労働省介護保険事業補助金（介護分野における効果的な感染防止等の取組支援事業費）（令和2年度第2次補正予算分）による「新型コロナウイルス感染症に対応する介護施設等の職員のためのこころの相談事業」の補助対象となったことをきっかけに、相談体制を充実させることになりました。より現場職員からの相談が集まりやすくなるよう、LINEチャットとメールによる相談も可能としたもので、「JSここメン（こころメンテナンス）」と名付けられました。

2. 体制の整備

　「JSここメン」は、産業医や保健師による電話相談・メール相談に加え、LINEチャット相談を導入することが目的でしたので、まず、各サービスとの関係性や役割の明確化を行いました。

　また、どのような項目で集計するかも事前に協議を行いました。

 ## 3. 関係部署への周知

　全国老人福祉施設協議会から、全国約１万1,000箇所の事業所にQRコードの付いたカードを送付しました。そして、各事業所の施設長から職員に配布してもらい、計約30万人の介護従事者に案内しました。

　自治体でのいじめ相談の枠組みを応用し、QRコード付きのカード配布を行ったことで、多くの職員から相談を受けられました。

図8-1 　JSここメンの案内・告知

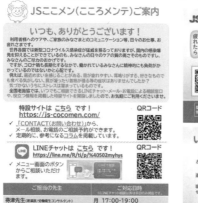

（出典）公益社団法人全国老人福祉施設協議会「SNS産業カウンセリングシンポジウムパネルディスカッション」（令和２年11月26日）資料

4. カウンセラー等への教育

　一般財団法人全国SNSカウンセリング協議会指定のSNSカウンセラー10時間講習受講に加え、介護業界に対する理解を深めることや、介護従事者が抱えやすい悩みについて理解しておくことを伝えています。また、人生の最後という時間を共にする介護職の価値を、相談者本人に伝えることができるように指導を行っています。

 ## 5. 実施後の検証

　JSここメンのLINEアカウントの友だち登録は2020年10月１日の開設以来、１か月で約700名の登録に至り、2020年11月20日には776人の登録となりました。「JSここメン」特設サイトに掲載されている産業医のコラムを、定期的にプッシュ配信を行っています。非常に参考になるとのことで、多くの人に読まれているようです。

　また、10月に行った相談者へのアンケートでは約８割が役に立ったと回答し、非対面でありながら「改善に向かえると思う」との回答が約７割を占めました。また、特設サイトのアクセス数は１日84件、開設以来3,458件に及び、潜在的な相談ニーズのある人がまだ数多くいることが推察されました。

第2章 SNSカウンセリングの実際

図8-2 JSここメンの相談手法別のメリット

相談の手法	メリット		
面接	ノンバーバルなコミュニケーションを含め、会話を通じて相談者との間で濃密なやりとりも期待できる		
電話相談	相談はしたいが自分をあまりさらしたくないという相談者のニーズにあっており、面接のアポイントや訪問などの手間もかからず気軽に相談できる	伝えたいことを会話を通じて伝えやすい	
メール相談		自分が入力した文章を読み返す中で自分を客観視できるプロセスが入ることで、自分なりの気づきが生まれやすい。無駄な堂々巡りが少なくなる。	自分の伝えたいことや感じていることを整理しやすい
LINE（チャット）相談			メールよりは会話に近いやりとりができる

（出典）公益社団法人全国老人福祉施設協議会「SNS産業カウンセリングシンポジウムパネルディスカッション」（令和2年11月26日）資料

 今後の展開

　全国老人福祉施設協議会では、今後、介護職場特有のメンタルヘルス上の課題に対応できる常設的相談体制の構築に発展していきたいと考えているとのことです。個々の課題の解決を相談のなかだけで完結させるのではなく、介護職員が介護の仕事に「働きやすさ」と「働きがい」を感じてやりがいをもてるような職場作りの取り組みの一環として位置づけたいと考えているとのことです。

（取材協力）
一般社団法人全国心理業連合会　髙溝恵子　理事・事務局長

> **コラム**
>
> # 医療従事者相談
>
> 医療従事者は、新型コロナウイルス感染症との闘いのなかで大変な努力をしているにもかかわらず、いわれのない誹謗中傷や嫌がらせを受けている人が多くいます。
>
> たとえば、看護師が自分の子どもを幼稚園などに預けようとしたら、汚いから預かれないといった暴言を受けることもあります。特に、守秘義務が厳重に課せられている医療従事者は、職場で相談することも難しく、家庭で話すこともできません。そこで、第三者である私たちカウンセラーが話を聴くことで、何かの役に立てると考えています。そのために、今後は医師会や看護師会、保健師会などから幅広くアプローチできればよいと考えています。
>
> 相談で大切なことは、医療従事者たちは大変でありつらい思いをしていても、仕事を辞めたいと思っているわけではないということです。ほとんどの人が使命感を持って仕事に取り組んでいるのであり、カウンセラーに対しては、誰にも話せないようなことを安心して話してもらうこと、医療の第一線にある人に何かの解決策を与えるのではなく、敬意を持ってしっかり話を受け止めることが大切だということを伝えています。
>
> しっかり対応さえすれば、使命感を持ってまた職場に帰っていける人たちであることを忘れずに対応をするよう伝えています。

事例⑧ひきこもり生きづらさココロゴトSNS相談

1. 背景・概要

　一般社団法人全国心理業連合会では、2014年6月から現在まで、全国で約500名の不登校・ひきこもりの中学生・高校生に対する訪問型の心理カウンセリングを行ってきました。全国のカウンセラーが自宅に訪問して、本人と話をしたり、家族のカウンセリングを行ったりという活動でしたが、2019年、元農林水産事務次官の長男殺害事件をきっかけに、ひきこもりが改めてニュースで取り上げられるようになり、現状を知るために、LINE相談を実施しようということになりました。

　「ひきこもり生きづらさココロゴトSNS相談」は東京都からの助成（令和元年度東京都地域自殺対策緊急強化基金）によるものであったため、対象を東京都内に限定しましたが、友だち登録数は2,500人程度であり、年代もかなり幅広く、男女比や年代に関しては、他の相談よりは少し違っていたと感じています。

2. 体制の整備

　ひきこもりに対する相談をより適切に行っていくことができるように、特定非営利活動法人KHJ全国ひきこもり家族会連合会（以下「KHJ家族会」）と連携し、対応についての助言を受けました。

図9-1　ひきこもり生きづらさココロゴトSNS相談の体制

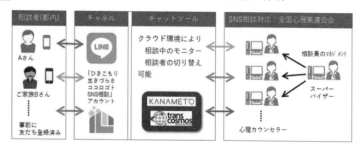

３．関係部署への周知

　東京都民へのLINE広告、KHJ家族会からの告知、東京都福祉保健局のTwitterでの告知などを行いました。

　周知の効果により、多くの人に友だち登録をしてもらえました。このため、当初の予定よりも１か月間期間を延長し、自主事業として実施しました。

４．カウンセラー等への教育

　一般財団法人全国SNSカウンセリング協議会指定のSNSカウンセラー10時間講習受講に加え、事前の研修により、KHJ家族会から助言の共有を行いました。また、「ひきこもり生きづらさココロゴトSNS相談」では、SNS相談に加えて電話相談も実施したため、SNS相談から電話相談への移行の仕方などのシミュレーションを行いました。

５．実施後の検証

　図9-2のとおり、相談内容はさまざまであり、どこに相談していいかまったくわからなかったという相談に対しては、ひきこもり者の家族への支援団体や自治体の相談窓口などの情報提供をすることによって、相談につなげられたこともあります。

図9-2 ひきこもり生きづらさココロゴトSNS相談　相談内容

実施期間2019年11月28日〜2020年1月10日

相談内容		
家族	70	25.8%
メンタル・身体・健康	45	16.6%
経済・生活・仕事	31	11.4%
恋愛・性・性別	23	8.5%
学校・職場	29	10.7%
自分自身	13	4.8%
仕事や家族以外の人間関係	4	1.5%
明らかないたずら	0	0.0%
終了後の応答・返礼	11	4.1%
その他	45	16.6%
合計	271	100.0%

（出典）一般社団法人全国心理業連合会「ひきこもり生きづらさココロゴトSNS相談報告」（令和2年4月5日）

　一方、あらゆるところに相談したという人も多く、その場合は「今まで本当によく努力されてきたと思います」という言葉を伝えながら、何かできることはないかを一緒に考えていくようにしました。

　たとえば、今まで10年ひきこもっている人をどうしたらいいかについての解答が、1回のSNS相談で出せるわけがありません。しかし、家族にとって、毎日、不安にさいなまれ、内面的なフラストレーションが非常に高まっているときに相談する窓口があれば救いになります。相談の中で客観的に自分をもう一度見ることができたり、自分の周りには行政も含めたさまざまな相談窓口があるということに気付いたりすることが大切なのだと考えています。

　「ひきこもり生きづらさココロゴトSNS相談」に関しては、成立した相談271件のうち、ひきこもり関連相談149件、それ以外の相談122件であることから、半数以上が必要な対象者とつながることができたと言えます（**図9-3**）。

図9-3　ひきこもり生きづらさココロゴトSNS相談　当事者の年代

実施期間2019年11月28日〜2020年1月10日

	相談成立全体		ひきこもり関連		それ以外	
10歳以下	1	0.4%	0	0.0%	1	0.8%
10代	73	26.9%	30	20.1%	43	35.2%
20代	42	15.5%	27	18.1%	15	12.3%
30代	25	9.2%	22	14.8%	3	2.5%
40代	43	15.9%	23	15.4%	20	16.4%
50代	10	3.7%	8	5.4%	2	1.6%
60歳以上	18	6.6%	17	11.4%	1	0.8%
不明	59	21.8%	22	14.8%	37	30.3%
合計	271	100.0%	149	100.0%	122	100.0%

（出典）一般社団法人全国心理業連合会「ひきこもり生きづらさココロゴトSNS相談報告」（令和2年4月5日）

　また、通常のSNS相談は、10代・20代が中心となりますが、「ひきこもり生きづらさココロゴトSNS相談」は、30代以上の年代からの相談が非常に多く見られました。ひきこもり者の家族として、60歳以上からの相談もあったことは、非常に特徴的でした（**図9-4**）。

図9-4　ひきこもり生きづらさココロゴトSNS相談　相談者の年代

実施期間2019年11月28日〜2020年1月10日

	相談成立全体		ひきこもり関連		それ以外	
10歳以下	1	0.4%	0	0.0%	1	0.8%
10代	55	20.3%	7	4.7%	48	39.3%
20代	27	10.0%	11	7.4%	16	13.1%
30代	25	9.2%	22	14.8%	3	2.5%
40代	47	17.3%	27	18.1%	20	16.4%
50代	40	14.8%	37	24.8%	3	2.5%
60歳以上	26	9.6%	25	16.8%	1	0.8%
不明	50	18.5%	20	13.4%	30	24.6%
合計	271	100.0%	149	100.0%	122	100.0%

（出典）一般社団法人全国心理業連合会「ひきこもり生きづらさココロゴトSNS相談報告」（令和2年4月5日）

当初は、家族からの相談がほとんどではないかと考えていましたが、当事者と家族がほぼ半々という結果となりました。LINEを使うことにより、当事者にも相談のハードルを下げることができたのではないかと考えています。

　また、ひきこもりの当事者の多くには、メンタルに関する通院歴があったことから、医療と連携することはもちろんのこと、早い段階で希死念慮や自殺企図の可能性を踏まえた対応を行っていくことが大切であることも推測されました。

6. 今後の展開

　2010年代に発生している高年齢者の引きこもりに関する「8050問題」に象徴されるように、家族や本人の孤立が問題となっています。コロナ禍での外出自粛だけでなく、高齢者の移動が難しい場合も多々あります。その際、LINEなどでのSNS相談は、周囲に家族がいても、外部に気軽に相談ができるツールとして、ますますニーズは高まるでしょう。ひきこもりは、とくに家族が孤立しやすいため、両親・兄弟姉妹・祖父母といった家族も、もちろん本人も、問題を1人で抱えないための受け皿が必要不可欠です。今後も、SNSカウンセリングは相談の重要な選択肢であり、家族や本人の気持ちを受け止めていく人材育成を促進させていくことが必要です。

（取材協力）
一般社団法人全国心理業連合会　髙溝惠子　理事・事務局長

第10節 SNSカウンセリングのプラットフォーム例

1. SNS相談・通報サービス

アディッシュ株式会社が提供するプラットフォームです。

アディッシュは、「子どもたちが健全にインターネットを使える環境を目指して」をミッションに掲げネットいじめ対策「スクールガーディアン」事業を展開しています。2007年からネットいじめ問題にいち早く取り組み、学校向けネットパトロールやいじめ匿名連絡サイトなどが全国の学校に導入されています。

近年では、SNSやメッセンジャーツールを通じてのいじめ相談受付やカウンセリング対応が広がっています。アディッシュは、SNS相談の業界団体である一般財団法人全国SNSカウンセリング協議会の趣旨に私たちも賛同し、協議会設立時より参画しています。そして、SNS相談というサービスを誰でも手軽に安心して利用できる社会をめざして、心理系のプロフェッショナルと協力しながら、業界の発展に尽力しています。

①プラットフォームの機能

同一のプラットフォーム上で、双方向の相談と一方向の相談（通報）を、児童・生徒が任意に選択できるチャットプラットフォームです。2015年からアディッシュが提供しているいじめ匿名連絡サイト「スクールサイン」の一方向の相談（通報）を受け付ける仕組み・ノウハウを、相談員による双方向の相談に融合したのが本サービスです。

②プラットフォームの特徴

身近な人には言えない悩みについては、チャットでリアルタイムに匿名相談ができ、周りで起きているいじめ等のトラブルについては、24時間いつでも学校へ匿名通報が可能です。

中学生・高校生に最も身近なSNSであるLINE上での相談窓口に加え、

第2章　SNSカウンセリングの実際

107

スマートフォンを持たない小学生・中学生に配慮し、Webチャットの相談窓口も同時に展開が可能です。

図10-1 SNS相談・通報サービスのイメージ

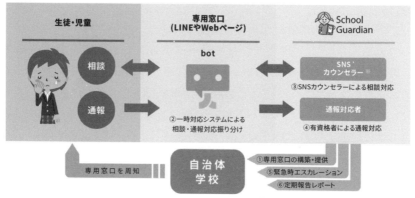

2. つながる相談

エースチャイルド株式会社が提供するプラットフォームです。

エースチャイルドは、2017年にSNS相談窓口プラットフォーム「つながる相談」をリリースしてから現在（2021年3月）に至るまで、100以上のSNS相談に関わっています。

エースチャイルドは、以前より「子どもを守る」というキーワードの下にさまざまな取り組み・プラットフォームの開発を行ってきました。「つながる相談」開発当初は、子どもを守る活動の一環として、少しでも世の中に貢献できる取り組みができればとの思いでした。しかし、ここ数年でSNS相談は電話相談に代わる革新的な取り組みとして、あらゆる分野に広がりました。今では、SNS相談は日本の社会問題を受け止めるための公器として、世の中に欠かすことのできない存在へと成長を遂げています。

SNS相談の社会的存在が大きくなり、相談の種類も多様化するなか、

エースチャイルドは、いじめ・虐待・教育などの子どもが直接的に関わるSNS相談だけでなく、人権・DV・性暴力や居場所づくりのためのSNS相談など、あらゆる公共的分野でプラットフォームの提供・相談体制の提供を行ってきました。すべては「子どもたちが安心して育つことのできる社会」を実現するためと捉え、あらゆる種類のSNS相談に関わっています。

　エースチャイルドは、日本社会にとってSNS相談が当たり前の存在となるよう、将来もITを通して多様なSNS相談の機会を提供し続けることをめざしています。そして、少しでも子どもたちが健やかに成長できる、安心・安全な日本社会の創出に貢献できるよう、邁進しています。

①プラットフォームの機能

　主な機能として、次のものがあります。
・SNS相談に特化したマルチSNS相談プラットフォーム
・LINE/Twitter/Facebookに対応（Webチャットも近日対応予定）
・相談員状況の俯瞰管理
・各種ラベル機能
・多様な自動返信
・豊富な統計データレポート
・セグメント配信
・BOT機能
・リッチメニュー切り替え機能

②プラットフォームの特徴

　「つながる相談」は、SNS時代の悩み相談・カウンセリング窓口を統合的に提供するマルチSNS相談窓口プラットフォームです。

　各種自動応答機能、相談履歴管理（**図10-2**）、定型文管理機能やユーザー属性に応じたセグメント配信など、相談業務をサポートする基本的な機能はもちろんのこと、カウンセリング事業者の要望をもとに、常に機能の追加・ブラッシュアップを行っています。これにより、SNSで

第2章　SNSカウンセリングの実際

の相談・カウンセリングに最適な機能を取り揃えています。

　コールセンターではなく、「SNS相談に特化したサービス」として提供することで、多くの官公庁、自治体、企業に利用されています。また、顧客の要望に応じて、相談員・カウンセラーの体制構築までワンストップで提供することも可能です。

図10-2 相談履歴の例

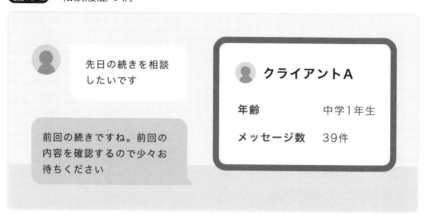

3. 匿名報告相談プラットフォーム「STOPit」

　ストップイットジャパン株式会社が提供するプラットフォームです。

　新型コロナウイルス感染症の影響により、子どもたちの生活は一変しました。学校での行事や部活動の延期や縮小、ソーシャルディスタンスを保つため話し合い活動や関わり合いの減少など、1人ひとりが活躍できる場、他者と関わり対話する機会が少なくなっています。変則的な生活のなかで、ストレスを抱えて過ごしている子どもたちにとって、自分の落ち着く場所・時間に相談できるSNS相談の重要性が高まっていると、強く感じています。

　ストップイットジャパンは、SNS相談がより一般化し、広く子どもたちに届き、1人でも多くの子どもの気持ちが晴れ、問題が解決し、健や

かに過ごしてくれることを願っています。また、「匿名報告相談プラットフォーム『STOPit』」は、子どもたちのために相談員として尽力するカウンセラーの力で成り立っています。少しでもカウンセラーに貢献できるよう、今後もできること、すべきことに尽力していきます。

①プラットフォームの機能

　「匿名報告相談プラットフォーム『STOPit』」は、児童・生徒向けの「STOPitアプリ」、相談員向けの「STOPit Admin」から成る報告・相談プラットフォームです。

　児童・生徒は、いじめ等で悩んでいるときに、スマートフォンやタブレットのSTOPitアプリから、自治体や学校が採用した専門の相談員に、匿名で報告・相談することができます。報告・相談内容には、画像や動画も添付できます。匿名のため、電話やメールよりも報告・相談のハードルが低く、自治体や学校は、いじめ等の問題の早期発見・早期対応ができます。

②プラットフォームの特徴

・GIGAスクール構想で配布される1人1台端末での利用が可能

　文部科学省は、多様な子どもたちを誰1人取り残すことなく、公正に個別最適化され、資質・能力が一層確実に育成できる教育環境を実現するため、GIGAスクール構想に取り組んでいます。そして、構想のなかで、「1人1台端末と、高速大容量の通信ネットワークを一体的に整備する」ことを打ち出しています。

　STOPitアプリは、スマートフォン用アプリに加え、パソコンなどのWebブラウザから利用できるSTOPit Webアプリもあるため、各自治体で子どもたちに配布される端末すべてで利用できます。これにより、スマートフォンやパソコンを持たない子どもたちを含め、すべての子どもたちが相談できる環境をつくることができます。

・相談・報告者の学校・学年がわかる

　チャット相談だけで相談者とのやり取りを終えてしまうと、相談した

子どもがチャット内で悩みを解決したかのように見えます。しかし、たとえば、学校でいじめられている場合、次の日、またいじめられることが危惧されます。問題を解消するためには、学校・教育委員会・カウンセラーなどの関係者間での共有が重要であるため、学校・学年がわかる状態にしています。

・報告・相談専用アプリであること

普段使用しているSNSでいじめを受けている子どもは、SNSを見ることも苦痛であることが懸念されます。そこで、安心して信頼できる専門家とつながれる専用アプリが必要であると考えました。

図10-3 STOPitのイメージ

4. KANAMETO

transcosmos online communications株式会社が開発し、トランスコスモス株式会社が販売するプラットフォームです。

トランスコスモスは、全国の各SNS相談窓口にて、安定して使いやすいプラットフォームを提供できるよう努めています。

①プラットフォームの機能

主な機能として、次のものがあります。

・セグメント配信

・トーク
・チャットボット
・アンケートフォーム
・自動応答メッセージ
・統計情報

②プラットフォームの特徴

　LINE公式アカウントと「KANAMETO」をAPI（Application Programming Interface）接続することで、LINEユーザーの属性に合わせたメッセージ配信と、1対1のチャットコミュニケーションを一元管理で使用できます。複雑なシステム連携が不要のため、LINE公式アカウントがあれば、すぐに導入できます。

図10-4 KANAMETOのイメージ

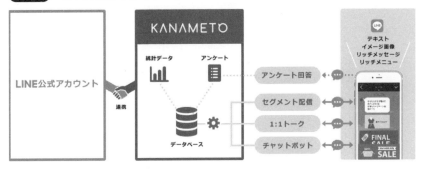

5. プラットフォームの選び方

　SNS相談を受けるときに用いるプラットフォームには、Webチャット、LINE、Facebook、Twitterなどさまざまなものがあります。なかでもLINE相談は、システムと連動することにより緊急対応などもしっかりしていて、官公庁や行政等が使用しているプラットフォームです。

　何よりも、LINEは世代を超えて日本国内で8,500万人以上が使用することから、多くのSNSコミュニケーションにおいて一番身近で利用しや

すいプラットフォームであることは、周知の事実です。

　2021年3月、海外のサーバーやアクセスなどへの疑念が報道されましたが、LINE株式会社はその対応として、現在では日本のサーバーだけで行っています。FacebookやGoogleやアマゾンなど、多くのIT企業が他国のエンジニアに発注し、プログラムの管理などをしているのに対し、現在、国内だけで構築・運営を行う唯一のプラットフォームとも言えます。

　もちろん、LINEだけではなく、Webチャット、Facebookなども有用です。それぞれの相談対象や特性から使い分けたり、複数対応できるようにしたり、予算等を鑑みて総合的に検討してください。

（取材協力）
1．SNS相談・通報サービス
　　アディッシュ株式会社　江戸浩樹　代表取締役
2．つながる相談
　　エースチャイルド株式会社　西谷雅史　代表取締役CEO
3．匿名報告相談プラットフォーム「STOPit」
　　ストップイットジャパン株式会社　谷山大三郎　代表取締役
4．KANAMETO
　　トランスコスモス株式会社　奥田昌孝　代表取締役社長兼COO

第3章

SNSカウンセリングの
意義・展開

アカデミックな視点から見たSNSカウンセリング

> ～全国SNSカウンセリング協議会のSNSカウンセラーが対応法を学び、監修をいただいている先生方の1人に、京都大学教授の杉原保史先生がいます。杉原先生は、日本で最初に行われたSNSカウンセリングの立ち上げから関わり、カウンセラーたちの指南を続けてきました。また、SNS相談などに関する多岐に渡る研究や啓発活動等を行っています。学術的な立場から、杉原先生に取材協力をいただきました。～

 1. 現在の相談の状況

現在、SNSを使ったカウンセリングの普及に力を入れています。その理由には今の社会、メンタルヘルスの問題が非常に大きくなっていることと、今の人たちは電話をほとんど使わず、文字でやり取りすることが非常に多いということがあります。

今の世の中は簡単に飢餓で亡くなるような人はほぼいないという豊かな社会です。しかし、疾患として精神障害が増えていて、四大疾病をはるかに上回る状況になっています。自殺の問題も非常に大きく、企業でも教育現場でも、メンタルヘルスの問題をどのように扱っていくかが非常に重要になってきています。

メンタルヘルスの問題に対して従来は電話で対応をしていました。しかし、今の若い人たちは電話をほとんど使わず、どのようにコミュニケーションを取っているかというと主流はSNSを使った文字でのやり取りです。そうであれば、SNSを使った悩み相談を始めたらどうだろうということで、2017年8月に長野県で「ひとりで悩まないで@長野」を始めたのです。それが1つの大きなきっかけとなって、SNS相談の必要性が認識され、急速に社会に広がることになりました。

　実際、従来の電話相談の何倍もの件数の相談が来ただけでなく、相談者の年代層も若返りました。電話相談では40〜50代の相談ばかりであったのが、20〜30代の相談も来るようになりました。ほかにも、三重県でＤＶ、予期せぬ妊娠、性暴力のＳＮＳ相談窓口を開設したところ、やはり件数が非常に増えました（**資料1**）。電話では相談しにくかった人たちのなかには、SNSであれば相談できる人たちがたくさんいることが、実行してみたらわかってきたのです。

資料1　妊娠のための相談窓口の例

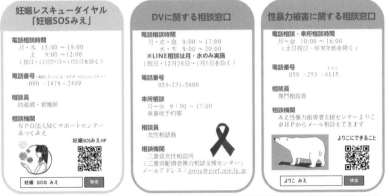

（注）2021年5月1日現在。
（出典）三重県子ども・福祉部子育て支援課母子保健班ホームページ
　　　https://www.pref.mie.lg.jp/KODOMOK/HP/m0330400033.htm

2. SNSカウンセリングの状況

　SNSカウンセリングのスタートは、児童・生徒を対象としたいじめ相談でしたが、厚生労働省の自殺の相談などさまざまなことに展開していったところ、児童・生徒以外にもたくさんの人がSNS相談を望んでいた

ということが実証されてきています。つまり、これまでの電話相談など
で相談件数が少なかったのは、相談したい人が少なかったからではなく
て、相談手法のハードルが高かったということです。相談の入口として
のSNSカウンセリングは非常に効果が大きいと言えます。

　一方、肝心の相談の質という点については、文字を使って電話や対面
と同じ相談ができるとは、最初から思ってはいませんでしたが、まったく
役に立つことができないとも思ってはいませんでした。文字では相談が
できないという批判は、対面や電話と同じことができないという意味では
そのとおりです。そうした批判は対面相談の質を100としてSNS相談の質
が90になるのなら相談の意味がないという捉え方でしたが、仮に90でも
ゼロよりはずっといいのです。なぜなら、対面では絶対に相談に来ないが、
SNSであれば相談できる人がたくさんいるわけで、対面では来なかった
人たちの相談を受けられるというのは非常に意義あることだからです。

　最近では、SNSにはSNSのよさがあり、対面には対面のよさがあり、電
話には電話のよさがあるということが理解されるようになってきました。
SNSの一番のよさはアクセスがしやすく、ハードルが低いこと、そしてそ
れに加えて、匿名性が高くて、告白がしやすいことにあります。これらは
対面や電話にはない強みです。ただし、一方で弱みももちろんあります。

　SNSカウンセリングは時間がかかります。どれだけ文字入力が速い人
でも、発話に比べれば単位時間当たりの言葉の量は少なくなります。9
〜17歳の子どもたちに対する電話相談とチャット相談とを比較したフッ
キングとハーマン（2009年）の研究によれば、1回の相談に要した時間の
平均は、電話相談では9.3分であったのに対して、チャット相談では24分
でした。ところが、やり取りされた単語数は、電話相談では約1,600語で
あったのに対し、チャット相談では723語でした。つまり、言語情報だけ
を比べても、チャット相談の情報量は電話相談の半分以下だったのです。

　なお、本研究によれば、子どもたちを対象としたチャット相談と電話
相談は、いずれの形態の相談でも、相談前より相談後の方が相談者の気
分はよくなり、問題の深刻さが低下していました。時間あたりの情報量は
少なくても、効果に関して電話相談との間に違いは見出されなかったのです。

3. SNSカウンセリングの活用

　SNSカウンセリングには、メリットとデメリットがあります。新しい方法にはいつも抵抗があり、批判も付物ですが、大切なのは「相談をする人」の立場に立って考えることです。デメリットを理解したうえで、しっかりとメリットを活かしていくことでよりよい相談が可能になることを忘れてはなりません。

　同時に、SNSを使った心理カウンセリングには対面や電話とは違う技術も必要になります。SNSに慣れている若い世代のカウンセラーならSNSでも心理カウンセリングが自然とできるのかと言うと、そうではないところにも難しさがあります。

　たとえばSNS相談では、さまざまな質問をしたり状況を把握したりして、問題を丁寧に言葉にして共有するということを対面の場合以上に積極的に行うことが必要です。対面で慣れた心理カウンセラーの中には、この点で相当苦労する人もいます。

　一方、今の段階では、対面での心理カウンセリングを行っていた人がSNSでの心理カウンセリングを行うという方向の移動しか起きていませんが、今後はSNSでのカウンセリングしか行ったことのない心理カウンセラーが出てくるでしょう。また、SNSでの心理カウンセリングを行っていた人が対面の心理カウンセリングを行うという逆方向の移動も生じてくるでしょう。SNSでの心理カウンセリングはうまくできた人が、対面での心理カウンセリングも同じようにできるかと言うと、そうではないことも考えられます。

　なお、若い世代が対象ということで、同世代であれば話がしやすいだろうというのは一理あります。SNS相談のなかには、寂しくて孤独で、とにかくこの夜の時間を1人で過ごすことが苦痛なため、ただ話し相手が欲しいという人もいます。こうした人たちとの相談は、同世代の人が、きちんとした研修を経たうえで受けることに意義があります。

　しかし、真の悩み相談には相当な訓練が必要です。安易に悩み相談を受けると不用意な発言で、「せっかく相談したのに余計につらくなった」

「結局、説教されただけだった」「全然わかってもらえなかった」と傷つける恐れもあります。さらには、命に関わるような事態になる場合もあります。専門知識なしに対応すると、本当に悩んでいる相談者はかえってつらくなり、相談を受ける側もつらくなることがあります。SNSカウンセリングにおいても、単なる雑談の場ではなく相談窓口として機能するには、きちんと訓練を受けた心理カウンセラーが相談を受けることが重要になります。

4. SNSカウンセリングとテクノロジー

　心理カウンセリングや心理支援、心理療法の将来を考えたとき、SNSに限らずテクノロジーを利用したアプリやオンラインの遠隔会議システムを使った相談など、新しい相談の形態を構築していかなければ一般の人のニーズに合わないものになるのではないかという危惧をもっています。テクノロジーは一般の人の生活の中に続々と入ってきているため、生活様式に注意を向けて、相談を受ける側が変わっていかなくてはならないと考えられます。

　実際、SNSカウンセリングを始める前は意味があるのかと懐疑的であった人たちも、社会の側に多くのニーズがあって、各地で実施し大勢の人から相談が来て評価されている実績を見ると、SNSの存在を無視できなくなりました。そして、SNSカウンセリングを研究していかなくてはならないとの認識が広がっているのです。

　2017年8月、長野県で実験的にSNSカウンセリングを試みてから大変な勢いで広がり始めていることからわかるのは、いかに学術の世界が相談の現場や一般の人々のニーズに、目を向けていなかったか、追いついていなかったかということです。最近はさまざまな場面で研究発表や取材記事を求められていて、世間の関心は高いと感じています。また、臨床心理士や公認心理師などからもSNS相談を行いたいという要望も聞かれるようになっています。今後はますます多様な専門的背景をもつ人たちがSNSカウンセリングに取り組むようになっていくでしょう。これら

の人たちが互いに協力し合って、よりよいSNSカウンセリングを発展させていくことが期待されます。

　2020年２月のダイヤモンド・プリンセス号のLINEによる相談のときも、日昼は医療従事者が、夜間はカウンセラーが相談を受けるという体制をとりました。同様に、同じ相談事業のなかで、昼は看護師が体の相談を受け、夜はカウンセラーが不安の相談を受けるといった多職種による相談体制が有効となる場合があるでしょう。こうした可能性を追究することも有望だと感じています。

　さらに、相談のなかには、たとえば行政機関を紹介するケースもありますが、こうしたケースでは高度に専門的な心理カウンセリングの知識よりも、むしろ、さまざまな地域のリソースなどのデータベースのほうが役に立ちます。情報の蓄積・検索は、AIの得意分野と言えます。したがって、AIを補助的に使ったり、行政機関につなぐ必要のある相談であれば最初からAIにつないだりする方法は、非常に有効と言えます。

5. SNSカウンセリングの将来

　AIは、「Yahoo!　知恵袋」のような質問のビッグデータを分析して、ベストアンサーをもとに回答を作り出すこともできるため、相談に来た人に役に立つ情報が提供できるとも考えています。基本的に情報提供によって解決する悩みに関しては、AIが非常に役に立つ時代が来ると考えています。

　さらに言えば、ロボットが心理相談を受けるという可能性もあります。たとえば、京都大学大学院情報学研究科の河原達也教授の研究グループと大阪大学大学院基礎工学研究科の石黒浩教授の研究グループが開発した自律対話型アンドロイド「ERICA」は、数分の会話はできます。まだ、相談を真剣に受けるレベルではありませんが、相づちなどは当初より上手になってきています。

　今の段階では、AIに心理カウンセリングは無理ですが、10年、20年の単位で見ていくと、おそらく有効なものが出てくると考えています。

人間の心理カウンセラーの相談のビッグデータが、ERICAたちを育てていく栄養源になっていくのではないかと思います。人間とAIは対立するのではなく、お互いが補完し合う関係になればいいと考えています。

　実際、人間のよさと、AIやロボットのよさは違います。ロボットは、人間を傷つけようとせず、また、ロボットに何を言われても人間はさほど傷つきません。したがって、ロボットの方に安心感を持つ人も多くて、人間には話せないがERICAたちであれば話せるということも考えられます。そのうえ、さまざまな専門的なデータベースに関しては、AIやロボットの方が人間よりもはるかに情報量が多いのです。SNSに限らず、AIなどさまざまなテクノロジーを心理カウンセリングに取り入れて、最大限有効なサービスを提供できるようにすることが今後の課題になっていくと考えます。

　SNSカウンセリングは、まだ始まって歴史が短いサービスです。担当する心理カウンセラー側も、相談の対象が次々に広がっていて、従来であれば入り込まなかったようなところに関わっていくことになります。フロンティアとして、これまでにしなかったような経験をしたり、過去の経験の範囲ではわからない問題にぶつかったりもするはずです。このため、相談の現場で他の人たちの助けを借りながら理解を深め、一緒に相談体制をつくっていくことが必要になります。

　世間一般の人たちの心理カウンセリングの理解は、昔と比べるとよくなっているとは思います。何となく「大事そうだ」といった程度の理解は社会に広がってきました。しかし、「一体何なのか」「どのように役に立つのか」についての理解はまだまだ浅く、言葉だけが知られているという状況です。最も身近な心理カウンセリングとしてSNSカウンセリングが広がっていくなかで、相談を受ける側も、相談窓口を受け入れる企業や自治体の側も、一緒になってフロンティア精神でよりよいものを創り上げていくことが非常に大事になってくると言えます。

（取材協力）
京都大学　学生総合支援センター　センター長　杉原保史　教授

第2節　SNSカウンセリング誕生の原点

> ～SNS相談がスタートしたのは、LINEを活用した公共政策のアプローチの一環でもありました。日本にSNSカウンセリングを生み出した全国SNSカウンセリング協議会の江口清貴代表理事に取材協力をいただきました。～

1. LINEの誕生と課題の出現

　LINEというソーシャル・ネットワーキング・サービスは、SNSカウンセリング誕生以前、2011年6月に生まれたものです。そして、2～3年で急速にユーザー数を獲得していくにつれて社会的な課題が出てきました。

　課題というのは、LINEを通じたいじめなどが起き始めたことです。当時は「LINEいじめ」といった言葉も生まれました。そこで、こうした社会的課題にSNS事業者として対応しなければいけないと考え、LINE株式会社の公共政策室が問題を解決しようとして動き始めていました。

　一時は、いじめなどの対策は教育機関や教育委員会と連携しながら対応しようとしました。しかし、2013年頃はまだICT化が進んでない状況であり、かつ、新参のサービスであるSNSは世の中の重要インフラとは思われていなかったため、「それほど問題があるのならSNSを使うこと自体やめればいい」といった反応もあり、解決するところには至りませんでした。

　そこで、「どうせやるなら本気でやろう」ということで、面識のなかった大学の研究機関などを掘り起こし、神奈川県教育委員会および東京都教育委員会の協力のもと約8万人の青少年（小学生・中学生・高校生）のアンケートを取るなど、いじめ対策をメインに実態調査を行いました。

2. 青少年のネット利用実態把握

　調査は、神奈川県（2016年6月～9月、64,031名）、東京都の春調査（2016年6月～9月、6,509名）、東京都の秋調査（2016年12月～2017年1月、6,674名）の3回に分けて行われ、2017年7月に「青少年のネット利用実態把握を目的とした調査　平成28年度最終報告書」としてまとめられています。

　調査によると、スマートフォン所有率は、神奈川県の高校生97.3%、東京都の高校生96.3%でした。また、1日の利用時間は「2時間」「3時間」と答えた高校生が神奈川で39.3%、東京で41.2%でした。主に使っているのはLINEとTwitterであり、特に、LINEの利用は日常に浸透していることもわかりました。また、「LINEで経験したいやなこと」としては、主に次のようなものがありました。

> **●LINEの利用に直接関係した問題**
> ・知らない人から「友だち追加」をされた。
> ・スタンプを連打（必要以上にスタンプを送信）された。
> ・既読無視（既読のまま返信が来ない・遅い）をされた。
> ・未読スルー（未読のまま返信が来ない・遅い）をされた。
> ・相手からブロックされた。
> ・写真を勝手に公開された。
> ・グループトークから一方的に外された。
>
> **●生活上のマナーに関わる問題**
> ・話の最中にスマートフォンや携帯を触っていた。
> ・長時間のトーク・グループトークにつきあわされた。
> ・深夜のトーク・グループトークにつきあわされた。
> ・嘘を広められた。

　本調査は、LINEやインターネット上でいじめが起きているとしたら、学校の現場で起きているいじめと何が違うのかというところから始めたものです。しかし結果的には、インターネットの世界で起きているいじ

めと学校現場で起きているいじめとは、それほど大きな違いはないのではないかという考えに至りました。

　また、インターネットの掲示板などではやり取りが公開され、記録が残るというアーカイブ性を、いじめが起きる原因を調べるために活用できないかと考え始めました。学校現場で行われているいじめに関しては、録音などの記録はほぼ誰も持っていませんが、インターネット上のいじめは多くの場合、文字や画像などが残っています。この違いは大きく、これまでいじめがなぜ起きたのかについてはほぼ調べようがありませんでしたが、インターネット上でいじめが発生する過程は追跡することができ、対策に活かすことができると考えました。そうして、まずはいじめが発生する原因や過程を調べ、いじめ対策を検討していきました。

3. LINE相談の誕生

　そのなかで生まれたのがLINE相談です。きっかけは、長野県の県議会で公明党長野県本部青年局の中川宏昌局長の「いじめ相談でもインターネットやSNSを使えばいい」という提案に対し、阿部守一知事が『SNS活用を検討する』と答えたことです。これを受け、2017年8月、長野県とLINE株式会社で連携協定を結んだことが1つ目の理由です。2つ目の理由はいじめの現場がインターネット上のため、相談もインターネット上で受ける方がいいと考えたことです。

　しかし、考えた当事者も、最初は文字で心理援助ができるのだろうかと懐疑的でもありました。ただし、ユーザーの多くが、日常、電話は使わなくなってきて、文字でのコミュニケーションに慣れ始めているという現実もありました。LINEなど文字での簡単な相談から始めて、相談してよかったという経験をユーザーにしてもらえば、SNS相談も発展し始めるのではないかと考えるようになりました。

　また、「誰がやるのか」という問題もありました。各方面に声を掛けた結果、公益財団法人関西カウンセリングセンター古今堂靖理事長につながりました。しかし、最初は疑いの目で見られる方が多く、専門家の

間でも「そのようなものができるわけがない」という声が圧倒的に多かったのです。しかし、京都大学教授の杉原保史先生が『まずやってみよう』と言ったことで、動き始めることができました。

　心理援助をするときに大切なことの1つは、相談しやすい環境をつくることですが、今の若い人たちにとって最も落ち着く相談しやすい場所は、日常的にコミュニケーションをしているツール、つまり、SNSになります。LINE環境を使って、友だちと会話をするという感覚で心理カウンセリングを受ける、心理カウンセラーと話ができるというのは、接点として非常にアクセスしやすく、かつ、非常に簡単で使いやすいため、すぐに実現できます。

　杉原保史先生を含めたサポートも得られ、SNS相談に取り組もうと意欲のある関西カウンセリングセンターのチームや浮世満理子代表理事の全国心理業連合会が加わったことで、スタートを切ることができました。

4. LINE相談の検証

　実際に行った感想ですが、たしかに、電話相談に比べれば圧倒的に多数の相談が集まりましたが、「まだまだ足りない」「想定より少ないぐらい」と感じています。LINEの利用状況からすると、もう少し件数があるかと思っていましたが、日本人は身近な上司や友だちにも「相談しない」傾向があり、LINE相談にも影響していたのかもしれません。

　LINE相談に対しては、「カウンセラー業界にとっては天動説から地動説になったぐらいの衝撃があった」という嬉しい感想も受けました。しかし、相談したいができないという人たちをもっと救い上げていくためにも、やるべきことがまだまだあると思っています。

　それでは、今後は何が必要かというと、悩みを抱えている人たちが気軽に心理カウンセラーに相談するためのきっかけづくりです。相談したい人たちを専門の心理カウンセラーとつなげるプラットフォームを用意するというのがLINE株式会社の務めです。SNSカウンセリングのプロが全国SNSカウンセリング協議会から集まってきてくれたということ

で、もう、実現できるというところに至ってはいますが、課題は、まだ発展途上の過渡期であり、どのくらい精緻なマニュアルを作れるかではないかと考えています。

　もっとも、ここで言うマニュアルは、その通りに行えばいいというものではなく、最低限行わなければならない事項が示されているもので、そこから先は試行錯誤することで、本当のマニュアルになっていきます。行わなければならない最低限のレベルというのは、日々実行していけば積み上がっていきますが、試行錯誤から整備への流れをつくることが、SNSカウンセリングが真に世の中に定着していくためには絶対必要だと考えます。

　一方、SNSカウンセリングの発展過程で2020年2月、ダイヤモンド・プリンセス号の乗客や乗員に対し、LINE相談を実施したというのは非常に大きな出来事でした。ソフトバンク株式会社が無償提供したiPhone約2,000台にLINEをインストールして船内に配布し、乗客・乗員と外部とのコミュニケーションのチャンネルをつくることになったのです。

　LINEが入るまでは、船のオペレーターを通じて、または、Skypeでコミュニケーションをするというのは公には発生していましたが、船という閉じられた空間の中で、かつ、部屋から出られないという状況になってくると、さまざまな支援方法が必要になります。実際に船内の状況を把握してわかったのは、思った以上に船内の人たちが疲弊しているということでした。

　特に、日本人の乗客にとって、日本に接岸しているにもかかわらず、自分の国に降りることもできず、また、いつ降りられるかもわからないというのは、非常にストレスとなっていたと思います。そこで、まず、相談できるチャンネルをつくることが大切だと考えました。実際に相談はしなかったとしても、相談できると思えるだけでも精神的に追い詰められずにすみ、何らかの効果があるだろうと考えたのです。そして、精神的に危険な状態の人たちが発見されたら、災害派遣精神医療チーム（DPAT）でサポートしようという2段構えで臨むことにしました。実際に、対話のなかで緊急対応が必要であるという判断が下され、船内の医

第3章　SNSカウンセリングの意義・展開

師につないだ例も複数ありました。

　日昼は医療事業者が対応し、夜間は心理カウンセラーが対応しましたが、先の見えない不安のなかにいた人たちにとってSNSカウンセリングは確実に心の支えになったのではないかと考えています。

5. SNSカウンセリングの体制整備

　SNSカウンセリングを行っていくうちに、自治体などからも「今すぐに何とかしてほしい」といった緊急案件が寄せられるようになりました。窓口が増えると、『今から首、つります』といった危険な相談も寄せられるようになりました。緊急案件に対応するのはたしかに大変でしたが、せっかく、蜘蛛の糸のような命綱を必死の思いでつかんできた人を対象外とするわけにはいかず、最後まで援助しなければいけないという考えでした。

　インターネットでの相談者のなかには、真剣とは言えない人がいるのも事実ですが、連絡してきている人との相談を心理カウンセラーがあきらめた瞬間、相談者は最後の蜘蛛の糸が切れるわけです。相談をあきらめないというのは非常に重要であり、粘り強くさまざまな声掛けをして細い切れかけている蜘蛛の糸をつなぎ止めていくことが、SNS相談の大事なところになります。

　心理的な援助には、人の行動を変えられる可能性があります。そして、心理的な援助が文字のコミュニケーションによるものでも人の行動を変えられます。しかも、ポジティブにもネガティブにも変えられるため、相談を受ける側の倫理観が非常に大切になります。そして、倫理観を育成するためには、心理カウンセラーの自助努力に過度に期待するのではなく、全国SNSカウンセリング協議会としてきちんと指標を作っていかなければならないと考えています。

　たとえば、女子高校生が『このぬいぐるみかわいくない』と言うとき、語尾が上がるか下がるかで意味が変わります。文字のコミュニケーションが難しいのは、テキストで見ると、『かわいくない』と言い切ってい

ることになる点です。言葉遣いを含めて、心理カウンセラーの力量が非常に重要になるため、研修などを通してある程度の品質を確保することが、全国SNSカウンセリング協議会の最大の責務だと考えています。

6．心理カウンセリングの目標

　対面と電話の環境しかないようでは相談しづらいために、心理カウンセリングを受けられない人たちが大勢出てきます。このため、下支えするのがSNSでのカウンセリングであるとも考えています。

　そして、忘れてはならないのは、心理カウンセリングを受けたくても受けられない人をいかに救うかという課題と同時に、そもそも心理カウンセリングのいらない世界をどのようにつくるか、心理カウンセリングを受けなくていい環境・体制をどのようにつくっていくかという課題もあるということです。現在、心理カウンセリングを行っていくなかでさまざまな知見を得ていますが、もう一歩踏み出して、心理カウンセリングという枠内ではなく、世界を変えていくところに向けて動き出さなければいけないと考えています。

　SNSカウンセリングはスタート以来、確実に成長して、対面や電話での相談では受けきれなかった多くの人たちの悩みを受けることを可能にしています。しかし、将来を見据えれば、そもそも心理カウンセリングを受けなくていい、悩まなくていい社会という次の段階を、全国SNSカウンセリング協議会を中心につくっていくことがこれからの目標だと考えています。

（取材協力）
一般財団法人全国SNSカウンセリング協議会　江口清貴　代表理事

第3章

SNSカウンセリングの意義・展開

産業医から見たSNSカウンセリング

> ～産業界におけるSNSカウンセリングの本格的な導入は、まだ始まったばかりですが、2020年11月の第30回日本産業衛生学会全国協議会にて、神田橋宏治先生がポスター発表をしたことは、産業界での1つの先駆けとなりました。産業医の立場として、神田橋先生に取材協力をいただきました。～

 ## 1. 企業のメンタルヘルスケアの現状

　2017年8月に始まったSNSカウンセリングですが、2021年度には、文部科学省の教育委員会によるSNSを使った「いじめ相談」が46都道府県に拡大をしています。企業・業界団体でも少しずつ離職防止やメンタルヘルスケアといった問題解決のために採用され始めています。

　企業のメンタルヘルスケアというのは、①自分で行うセルフケア、②上司によるラインケア、③産業医・保健師等の企業内スタッフによるケア、④外部カウンセラー等の外部によるケアという4つのケアがあります。現在、厚生労働省が外部ケアとして「こころの耳」においてSNS相談を開始しています。企業におけるSNSカウンセリングに関しては、4つのケアのどこに位置づけるか、どのような体制にすると最もうまく機能するのかが今後問題になるところです。

　企業で問題になる離職などの原因として、周りが気づかないうちに本人が不安や不満、疲れをためていっていることがあります。上司の力量が高ければ不調を見抜くこともできますが、見抜けるレベルの上司は多いとは言えません。一方、悩みを抱えた人たちが自分から産業医などの産業保健スタッフに相談に行くというのも、敷居が高いものです。

　悩みを抱える人の相談と解決のために従業員全員と面談をするという方法は、効果は高いのですが、あまりにも時間と費用がかかりすぎて難

しく、導入できるのは一部の企業に限られます。したがって、企業での
SNSカウンセリングの導入は、産業医としても非常に有効な試みではな
いかと考えています。

　明らかなハラスメントや明らかなメンタルヘルス不調といった問題へ
の対応は、冒頭で述べた4つのケアでの対応法がかなり広まってきまし
た。一方、その手前の「上司と少しうまくいかない気がする」「今の仕
事は向いていないかもしれない」といった「何となくの悩み」に関して
は、特に、若い人たちにとっては、SNSによる相談であれば匿名であり、
本音が伝えやすいという面があるでしょう。また、SNSの場合、対面や
電話と違って自分のペースで相談できるというのも、若い人にとっては
非常に使いやすいと言えます。

　本来なら、産業医などの産業保健スタッフにもっと気軽に相談できれ
ばいいのですが、従業員50人未満の小規模事業場では産業医や衛生管理
者が選任されていないことが多く、本社の従業員はともかく、支店の営
業職や事務職などの従業員は、ほとんど産業医と話す機会もありませ
ん。つまり、企業に制度としてはあるはずなのに使えない、縁がない、
距離があるというのが現状です。

2. 産業医への相談の課題

　産業医の本来の立場は、「事業者の労働者に対する安全配慮義務の履
行補助者」です。労働者は企業に労働を提供し、企業は労働者に賃金を
支払います。この関係のなかで、企業は労働者の安全に配慮する義務が
あり、それを支援するのが産業医です。働く人にとっての安全というと、
1つは心理的な安心感（心理的安全）です。実際に相談するかしないか
は別として、相談できる場所が身近にあるという心理的安全自体が、働
く人のリスクを下げていると考えます。

　たとえば、本当に困っている人も、原因が上司からのパワーハラスメ
ントであれば、当然、その上司には相談できません。しかし、面識のな
い産業医に直接電話をすればいいと言っても、自分の名前を明かすこと

がためらわれ、やはり難しいでしょう。しかし、匿名で使えるSNSであれば、相談できるかもしれないということを考えると、悩みを抱えている人たちにとっての大きな心理的安全となります。

　さらに、現在、取り組む企業が増えている経済産業省が推奨する健康優良法人認定制度、すなわち、労働者の健康管理を戦略的に実践し、企業の経営に貢献するためにも、SNS相談が使えると考えています。働く人たちが相談することによって生産性が上がるかどうかについては明確にはなっていませんが、少なくとも、マイナスをゼロにするまでには役立つ可能性が高いと考えています。

　たとえば、「職場の中で浮いてる気がする」「職場の人と話しにくい」「ノルマが厳しい」などは、周りの人には相談しづらい悩みと言えます。SNSカウンセラーのような気軽に話せる相手がいて、本音が話せるというのは、心理的安全につながり、産業医の立場から見ても離職防止につながると考えます。

　一方、企業で産業医に面談しようと思ったら、多くの場合、まず、面談の時間を合わせるために人事担当者に申し込むことになっています。つまり、申し込んだ時点で人事部門に悩みがあることが伝わることになります。なお、別の形態として保健室方式というものがあります。企業内に産業保健師が常駐していて、いつでも相談に行けるという方式です。保健室方式は比較的うまく機能しますが、やはり、普段面識のない産業保健師を訪ねるというのは敷居が高く、「気軽に」とまではいきません。産業医・産業保健師への相談に対して、SNSカウンセリングは敷居の低さが非常に役に立ちそうに感じています。

 3. ストレスチェック制度の実施状況

　メンタルヘルスのストレスチェック制度は、2015年12月に義務化されてからかなり年数は経ってはいますが、当初考えられていたほどの成果は上がってないように思います。

　ストレスチェックのポイントは、大きく2種類あります。1つは、「自

分」にストレスが掛かっているかどうかを自己判断して、セルフケア等のケアにつなげること、もう1つは、データをもとに「組織」を分析し、各部署や会社全体を改善していくことです。しかし、チェックによって自分にストレスが掛かっていることがわかったにもかかわらず、産業医との面接指導に進んでいないケースが少なくないことが課題の1つです。

「平成30年ストレスチェック制度の実施状況」によると、労働者数50人以上の事業場のうち、ストレスチェックを行った事業所割合は80.3％ですが、その結果を活用した事業場は63.7％です。本来、ストレスチェックを行った場合は、業務内容や労働時間など他の情報と合わせて評価することで、職場環境の改善に取り組むことが努力義務となっています。したがって、「集団分析を実施し、その結果を活用した事業場割合」がもっと高くなることが望まれます。産業医の面接指導に来てもらえると、ストレスの対処法だけでなく、たとえば、組織の問題点などがわかってきます。しかし、2017年の統計では、実際に面談に来たのは全体の被験者の0.6％くらいであり、高ストレス者の10％くらいとなっています。

4. SNSカウンセリングの可能性

　問題点が見えてこなければ、組織の改善にはつながりません。一方、SNSカウンセリングを使って会社内の産業保健スタッフとつなげることができれば、ストレスが掛かっている人たちの役に立つのではないでしょうか。

　実際、ストレスで弱っている人にとっては、人事担当者に電話を掛けて産業医との面会を約束するということさえ、大変難しいものです。どこかに駆け込めばそこで何とかしてくれるというSNS方式は、保健室方式以上に敷居が低く、悩みを抱える人の助けになると考えます。
本当に困ったときというのは、相談する先を探す余裕さえなくなります。普段から、いざとなったら体や心のことの相談をできる窓口があることを知っているだけで、ストレスもたまりにくくなるはずです。さら

第3章　SNSカウンセリングの意義・展開

に、予防の効果といったものも期待でき、SNSカウンセリングの仕組み
を導入することは有望に感じられます。

5. 働き方の変化による問題

　ハラスメントの発生や、鬱病者の出現、離職者の出現といった問題は、
企業では古くからあるものです。最近、産業医や産業保健スタッフの間
で話題になっているものに、テレワークの問題があります。

　テレワークになってまず変わったのは、生活リズムが安定しないこと
です。朝起きて、電車やバスで通勤していたときはほぼ決まったリズム
で生活ができましたが、通勤が不要になると就寝ぎりぎりの時間まで仕
事ができ、反対に、就業ぎりぎりまで寝てもいられます。始業時間も終
業時間も休憩時間も事実上決まっていないような状態のため、仕事がい
つ終わるのかがはっきりせず、つらくなる人もいます。

資料2 新型コロナウイルス感染症の感染拡大前と比べた変化

	増加した	減少した	変わらない	普段、飲酒・喫煙・ゲームはしない
食事の量	11.8%	6.9%	81.3%	
睡眠時間	12.5%	10.3%	77.2%	
運動量	7.1%	39.1%	53.8%	
飲酒量	10.5%	10.0%	61.5%	18.1%
喫煙量	4.4%	2.3%	34.6%	58.7%
カフェインの量	11.8%	5.9%	82.3%	
ゲーム時間	18.6%	2.7%	39.2%	39.5%

（出典）厚生労働省「新型コロナウイルス感染症に係るメンタルヘルスに関する調査概要・結果」
　　　　https://www.mhlw.go.jp/content/12200000/syousai.pdf

　もっとも、生活リズム自体は「毎朝スーツに着替えて、決まった時間
に仕事を始めるように」といったアドバイスをすることで改善できま
す。しかし、その他の問題として、他人と話せないことにストレスを感
じる人が非常に多いことや、通勤をしなくなったことで運動不足になる
人もいます。ストレスや運動不足のために、メンタルヘルス不調にもな

ります。

　テレワークは通勤しなくてよくなるため、初期の段階では本人たちの満足度は高いのですが、しばらくすると、メンタルヘルス不調になる人が増えてきます。また、飲酒と喫煙の問題もあります。職場では飲酒はもちろん、喫煙もできなくなっていますが、自宅では喫煙が自由になり、なかには飲酒をしながら仕事をしている人も出てきます。これらは、産業医たちにとっても思ってもいなかった問題となっています。

　また、仕事をしながらゲームを始めてメリハリが付かなくなったり、夫婦二人ともテレワークで一緒にいる時間が長いことがかえってストレスになったりという実例も見聞きします。

　令和２年９月に厚生労働省が行った「新型コロナウイルス感染症に係るメンタルヘルスに関する調査」（サンプル数10,981件）によると、感染が拡大し始めた２月以降、常に半数程度の人が「何らかの不安」を感じており、特に、緊急事態宣言が出ていた４月〜５月は、実に６割以上の人が不安を感じていました（**資料３**）。

資料３　何らかの不安等を感じた人の割合（時期別）

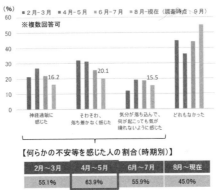

【性別年代別の特徴】
　30歳〜49歳の女性は、特に２月〜３月及び４月〜５月に、「そわそわ、落ち着かなく感じた」人の割合が比較的高かった。

（出典）厚生労働省「新型コロナウイルス感染症に係るメンタルヘルスに関する調査概要・結果」
https://www.mhlw.go.jp/content/12200000/gaiyou.pdf

不安の対象としては、特に多かったのは「自分や家族の感染」でした（**資料4**）。ただし、年代別性別の特徴として、30歳〜49歳男性や20歳〜49歳女性では、「自分や家族の仕事や収入」に関する不安の割合が高い結果となりました。

資料4　不安の対象（上位3つ）

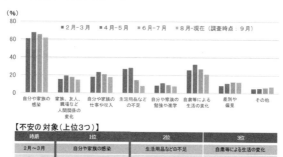

【不安の対象（上位3つ）】

時期	1位	2位	3位
2月〜3月	自分や家族の感染	生活用品などの不足	自粛等による生活の変化
4月〜5月	自分や家族の感染	自粛等による生活の変化	生活用品などの不足
6月〜7月	自分や家族の感染	自粛等による生活の変化	自分や家族の仕事や収入
8月〜現在	自分や家族の感染	自粛等による生活の変化	自分や家族の仕事や収入

【性別年代別の特徴】
　30歳〜49歳男性や20歳〜49歳女性では、「自分や家族の仕事や収入に関する不安」の割合が高かった。
【産業別の特徴】
　「宿泊業、飲食サービス業」「生活関連サービス業、娯楽業」の人は、すべての時期で「自分や家族の仕事や収入に関する不安」の割合が高かった。

（出典）厚生労働省「新型コロナウイルス感染症に係るメンタルヘルスに関する調査概要・結果」
https://www.mhlw.go.jp/content/12200000/gaiyou.pdf

　緊急事態宣言下を中心に、子どもも大人も自宅での自粛生活を余儀なくされたわけですが、それ以前とその時期の生活を比べると、運動量が減少し、ゲーム時間が増えたという顕著な傾向も出ていました。

　もう1つ、テレワークの環境は「暗い」という問題もあります。オフィスの場合、JIS Z91110の「事務所の照度基準」によりパソコンのキーボードを操作するような事務所の机上の照度は750lx以上と定められています。一方、自宅の照度は最大300lxくらいのため、作業には暗い状態です。また、オフィスの椅子や机に比べて自宅のテレワークで使う椅子や机は作業向きには作られてはいません。目が疲れ腰や肩が痛くなるという、従来の職場にいれば起きなかった問題が、テレワークで大変増

えています。

　また、企業には、従業員がオフィスの机に座って仕事しているときに危険が及ばないようにしなければならばいといった安全配慮義務があります。一方、テレワークで仕事をしている自宅という職場が安全かというと、そうとは限りません。たとえば、パソコンのコードが長かったために引っ掛かって転ぶという危険があり、事故が起きた場合、自宅で仕事をするように指示した企業側の責任になり、労働災害と判定されます。

　また、テレワークをきっかけに流行したオンライン飲み会も、問題があります。実際に誰かと会って飲むときには、会話だけでなく話し方や表情、ジェスチャーといったノンバーバルなコミュニケーションもあり、それが気分転換に非常にいい効果を発揮します。しかし、オンライン飲み会の場合、一堂に介して飲んで楽しく話をしても、画面を通しているためにノンバーバルなコミュニケーションが得られず、微妙な不全感が残ります。不全感が残ると、また、オンライン飲み会をしたくなりますが、やはり、不全感が残るという繰り返しとなります。

　テレワークは多くのよい面がありますが、何かと気をつけなければならないこともあります。従業員が自己管理能力を高めることはもちろん、企業側から従業員に向けて啓発していくことも大切になります。

　新型コロナウイルス感染症拡大の影響でテレワークという働き方が一般的になってきたことで、従来とは違う問題や悩みが生まれてきています。企業内であれば、問題や悩みに対して産業医や産業保健スタッフが対面で対処することもできます。テレワークの場合は、それに加えてSNSカウンセリングを使って悩みに応え、産業医等につないでいくといった方法も有望と考えています。

6. SNSカウンセリングへの期待

　産業医として悩ましいのは、企業には社外秘という理由で、公表したがらない問題が多くあるということです。水面下に危険が見えていても、触れずにいることも少なくありません。企業としては秘密にしたい

こともあるかと思いますが、働き方も変わってきているため、SNSカウンセリングも含めて、いい事例はなるべくオープンにして、検証をしていくという動きが大切なのではないかと考えています。

　以下に、2020年11月に「日本産業衛生学会全国協議会」で発表したデータを引用します。

　ある企業でSNS相談を導入したところ、その年は、50件あまりの相談があり、このうち退職希望の意向を示していた7名中6名が、意向を取り下げました。これは、SNS相談が、企業にとってはもちろん、社員にとってもいい効果を及ぼしたことを示唆します。

　SNSカウンセリングは、2年余りで急速に広がりました。医学的に言うと、次の問題は、実際に有効か、どのくらい有効かを明らかにすることです。たとえば、導入した企業と導入しなかった企業のストレスチェックの結果を比較する、あるいは、企業の事業所間で導入した場合としなかった場合を比較するという方法も考えられるでしょう。SNSカウンセリングは、まだ入り口に立ったところのため、今後、さまざまな企業が導入することで、効果がどのくらい出るのかをしっかりと検証しながら育てていくことが、非常に大切になってきます。SNSカウンセリングは相談のハードルが低く、加えて相談のやり取りが記録として残るため検証ができ、相談内容や相談者の属性などに関する細かいデータも蓄積されます。

　問題というのは大きくなると対処が困難になりますが、小さなうちに対処すれば簡単に解決できるものも少なくありません。過重労働にしても誹謗中傷にしても、人が亡くなってから慌てるのではなく、若い人でも簡単に相談できるくらいに敷居を低くして、まずは、孤立させないようにすると、自殺といったものが防げると考えます。企業における悩みや相談なども、SNSカウンセリングという簡単なところから入って、場合によっては産業医等につながるようにするだけで、救われる人がたくさんいるのではないかと考えます。

（取材協力）
合同会社DB-SeeD　神田橋宏治　代表・産業医

SNSカウンセラーに求められること

1. SNSカウンセラーの課題

　SNSカウンセリングの利用が広がれば広がるほど、相談を受ける心理カウンセラーの資質も重要になってきます。話を聞いて解決策を相談者と一緒になって考えるためにも、心理カウンセラーにはある程度の知識が必要となります。また、チームワークや人脈も求められることになります。そこで、本節では、SNSカウンセラーに求められる姿勢や資質、技術などを簡単にまとめておきます。

　大前提として、SNSで相談を受ける心理カウンセラーには、まず、心理カウンセリングの基礎的な知識が必要です。そのうえで、さらに、SNSを介した相談を受けることの意義を理解して、SNSの特性を活かしたアドバイスをすることも求められます。

　SNSカウンセリングに関しては効果が認められつつあるものの、まだ、懐疑的な見方をしている専門家がいることも事実です。もし、相談を受ける側に「SNSではきちんとした相談などできるはずがない」といった不信感や、「SNSで相談してくるのは遊び半分の人がほとんどだ」といった気持ちがあったとすると、その気持ちは相談者にも伝わり、それこそきちんとした相談などは成り立たなくなります。

　SNSに関しては、子どもの頃からパソコンや携帯電話があり、早くからSNSの使い方にも慣れ親しんできた若い人たちの方が先輩です。SNSは、若い人たちにとってはごく当たり前のコミュニケーション手段であり、SNSを介して相談をするというのは、ごく自然なことと言えます。したがって、SNSの相談窓口を設置すれば、若い人たちから、電話相談をはるかに上回る数の相談が寄せられることになります。なかには、些細な相談も含まれますが、いじめや虐待、誹謗中傷や貧困、自殺といった深刻な相談も書き込まれます。この現実を知り、SNSによる相談は社会から求められているものであり、ニーズに応えるのは大変意義のある

ことだという自覚をもってSNSカウンセリングに臨むことが大切です。

　以上のうえで、さらに必要なのが、SNSの特性を活かした新しい相談技術を学び、開発していくことです。たとえば、SNSカウンセリングの強みとして、対面や電話での相談の場合、統合失調症で思考障害が見られるような人は話が終わらないということがあります。しかし、SNSでは話すよりも手間が掛かるため、対面や電話ほどは延々と書き込みを続けることは困難です。また、書き込んでいくうちに落ち着いて、本来的なやり取りをすることができます。

　一方、SNSカウンセリングの弱みとして、たとえば、『生きづらい』と相談してきた若い人にアドバイスをしながらやり取りを続けていたところ、突然、返信がなくなって不安になるということがあります。そして、1時間ぐらいして、『ご飯、行ってた』や『お母さんに呼ばれてお風呂に入ってた』というメッセージが来て、ひと安心させられるといったこともあります。当初は相談者の態度に対して、「最近の若い子は」と思ったこともありますが、テレワークでもオンライン会議中に突然退席する人がいるとのことです。この現実を知り、以後は『席を離れるときは声を掛けてからにしてください』『10分以上ご返信がないときは、終了させていただきます』といった、若い人の特徴に合わせたルールを設けるようにしました。ルールの必要性なども、SNSカウンセリングを続けながら気づいたものと言えます。

2. SNSカウンセラーに必要な技術

　大切なのは、SNSカウンセリングの意義を理解したうえで、SNSカウンセリングの手法を1つずつ学び、身につけていくことです。ただし、基礎的な技術に関しては、ある程度のトレーニングが必要になります。SNSの特性から見たトレーニングのポイントは、次のとおりです。
①文章を読み解く力と情報をわかりやすく伝える力を身につける
②ポジティブ表現を多用しネガティブ表現を控えめにする
③「オウム返し」は避け質問する力を鍛える

④相談者のスピードや文章量に合わせる

⑤しっかりとした情報提供を行う

⑥情報を共有しさらに技術を磨く

　それぞれの内容を説明していきます。

①文章を読み解く力と情報をわかりやすく伝える力を身につける

　電話では上手に自分の考えを話せない人がいるように、SNSでも自分の気持ちや状況を上手に伝えることが苦手な人もいます。友人同士のやり取りであれば、短い言葉やスタンプ1つでも思いが伝わるかもしれませんが、自分の悩みを文章にして伝えるというのは、決して簡単なことではありません。このため、相談を受ける側が送られてきた文章をそのまま受け取り、短いやり取りをするだけでは、良質な相談とはなりにくいものです。

　「行間を読む」という言葉がありますが、短い文章や簡単なやり取りの背後にある相談者の思いを想像する必要があります。また、相談を受ける側から積極的に働き掛けていくことで、相談者の真意を知ったうえでアドバイスを送っていくことが求められます。

　したがって、相談を受ける側には、文章で気持ちや思いを伝えていく能力も必要とされます。直接顔を合わせて話をするのは得意であっても、メールやチャットを使って用件を伝えることは極端に苦手であったり、相手を説得するための資料づくりが上手ではなかったりということも少なくありません。対面のコミュニケーションでは有能だった人が、テレワークにおけるコミュニケーションとなると、途端にうまくいかなくなって悩むということは、決してめずらしいことではありません。

　カウンセリングも同様であり、対面や電話での相談では非常に有能な人が、SNSでの相談でも有能かと言うと、必ずしもそうではありません。表情豊かに話して相談者を和ませ、相談者のわずかなジェスチャーや表情の変化も見逃さない心理カウンセラーも、文章を書かせると堅苦しく読みづらいものになることもあります。また、相談者の表情を読み取ることはできても、文章の行間を読むことは苦手という心理カウンセラー

第3章　SNSカウンセリングの意義・展開

もいます。SNSでの相談が当たり前になりつつある時代、これまで培った豊富な経験を活かすためにも、ぜひとも文章を理解する力や文章で伝える力を養うべきです。

②ポジティブ表現を多用しネガティブ表現を控えめにする

テレワークでの仕事がごく当たり前のものになってくると、これまでとは少し違ったビジネススキルが必要になりますが、そのなかに次の2つも含まれています。

・**文章で相手に情報や要望をわかりやすく伝える**
・**文章で相手への思いやりや気遣いを伝える**

まず、ビジネスのうえで、メールやチャット、LINEなどで用件をわかりやすく正確に伝えることは非常に大切なことです。長くわかりにくい文章は相手の時間を奪うだけでなく、送った人の文章能力を疑われかねないため、要点を簡潔に伝える能力は非常に大切です。

一方、用件を簡潔にするだけでは、こちらの思いや熱意が伝わりにくいこともあります。普段、顔を合わせていれば簡潔な内容でも伝わりますが、テレワークとなり滅多に顔を合わせることがなくなった環境では、適宜、相手を思いやったり、励ましたりといった気遣いを伝えることも必要になります。文字のみのコミュニケーションでは、対面と同じ表現をすると、人によっては冷たく厳しく感じることもあります。そこで、ポジティブな内容はできるだけ強調した表現を使い、ネガティブな内容は表現に気をつけ、場合によっつは絵文字などを添えることで緩和するというのが、文字によるコミュニケーションのポイントとなります。

SNSカウンセリングでも同様であり、ましてや相手は悩みを抱えた相談者であることを意識する必要があります。対面での相談であれば、表情やジェスチャー、声のトーンなども使って、相談者が誤解することがないように補えます。しかし、文章だけでは、同じ内容でも書き方に注意しないと相手をひどく傷つけることもあります。しかも、SNSでのやり取りは文字が残るため、相手の反応を見て言い換えたり訂正したりす

ることができないことからも、細心の注意が求められます。SNSカウンセリングでは、文字だけのやり取りという特性をしっかりと理解して、対面や電話とは違うコミュニケーションを心がけることが求められます。

③「オウム返し」は避け質問する力を鍛える

　男性と女性の会話の違いでよく言われるのが、女性が悩みを口にしたり愚痴を言ったりしたとき、男性は「答え」を出そうとするのに対し、女性が求めているのは「答え」ではなく「共感」であるというものです。

　女性は根気よく聞いてほしいのであり、『たしかにそうだよね』『それは僕だって怒ったと思うよ』という共感が欲しいにもかかわらず、『じゃあ、こうすればいいんだよ』とすぐに答えを出されると怒りを感じるというのはよく言われることです。

　求めるもののずれは、相手を残念な気持ちにさせたり、ときにはいら立たせたりすることになります。京都大学教授の杉原保史先生と帝塚山学院大学大学院教授・公益財団法人関西カウンセリングセンター講師の宮田智基先生によると、SNSカウンセリングで心理カウンセラーに求められるのは、共感的で支持的なメッセージであり、感情の反射は相談者をいら立たせることが多いそうです。

　感情の反射とは、たとえば相談者が『つらいです』と言ったとき、心理カウンセラーが『つらいのですね』と応じるような答え方です。対面の心理カウンセリングで重視される手法ですが、SNSを使った相談で、『つらいです』という相談者の文章に、『つらいのですね』というオウム返しのような文章が返ってくると、相談者は「それはこちらが書いたことだろう」と感じ、いら立つことになります。SNS相談では、対面や電話と違って、相談者の文章に心理カウンセラーも文章で答えることになるため、ある程度のタイムラグが生じます。相談者は「自分の悩みにどのような答えが返ってくるのだろう」と期待しているため、オウム返しの文章が戻ってくると「これはさっき自分が書いたことを繰り返しているだけだ」と失望しやすいのです。

SNSカウンセラーに求められるのは共感だけでなく、相手の思いを引き出していく質問をする力です。

④相談者のスピードや文章量に合わせる

ビジネス上のメールや年配の人のメールでは、じっくり考えられた、かなり長めの文章も少なくありません。一方、若い人たちのSNSでのやり取りなどを見ていると、驚くべき速さで文字を打ち、驚くべき速さで返信をしています。したがって、特に若い人を相手にしたSNSカウンセリングでは、返信のスピードが遅かったり、長い文章を返したりすると、相談者が待ち切れなくなったり、長文についてこれなくなったりします。上記③で述べたとおり、オウム返しは相談者をいら立たせますが、あまりに返信が遅くてもいら立たせます。そして、文章が長いと、それだけで若い人たちは読む気がなくなり、相談する気も失せることになります。SNSを使ったカウンセリングで心がけたいことの1つが、相談者とスピードや文章量を合わせるということです。

もちろん、質問に対して常に速く短く答えられるわけではありません。さまざまな解決策を伝えようとすれば、自ずと文章は長くなりがちですが、要点を要領よくまとめて、「何本かに分割して送る」「相談者が理解できるかどうかを都度確認する」といった、相手への配慮を忘れないようにするべきです。

また、心理カウンセラーのパソコンの画面ではわずか数行の文章も、相談者のスマートフォンの画面では非常に長い文章に見えることもあるため、「箇条書きにする」「句読点を付けて読みやすくする」という工夫が求められます。そして、回答に時間が掛かるときには、『調べてからご返信します』といった短めの文章を送って事前に知らせておくと、相談者を不安にさせたり、諦めさせたりすることを防げます。

対面や電話で「会話をする」のとは違って、SNSカウンセリングでは「文章を読む」ことと「文章を書く」ことが必要になり、お互いに考える時間や書く時間が必要になってきます。長すぎる文章は読む側にとって負担になることを意識し、相談者の反応を見ながら、できるだけ短く

わかりやすい文章を書き、読みやすい程度の長さで送ることが大切です。

⑤しっかりとした情報提供を行う

　SNSカウンセリングのメリットに、チームで相談に対応できたり、相談中に各種資料が利用できたりすることがあります。これは、SNSカウンセリングでは、個々の心理カウンセラーの経験や知識以上の情報提供ができることを意味しています。

　たとえば、誹謗中傷の相談であれば開示請求の方法や削除依頼の方法、必要であれば、警察や行政機関の助けを求める方法なども伝えることができます。また、生活に困窮している人には、行政機関への相談の仕方などを細かく伝えることが可能になります。

　ただし、情報を伝えたからといって、相談者が「1人でできる」とは限りません。このため、いくつかの方法を伝えたうえで、それぞれについて実行できるかどうかを確認しながら相談を進めていくことが必要になります。SNSカウンセラーは、まず、しっかりと話を聴くことが大切ですが、可能な限り解決への手助けも心がけることも重要です。

⑥情報を共有しさらに技術を磨く

　SNSカウンセリングのメリットに、情報の共有ができることがあります。もちろん、悩み相談という性質上、秘密にすべきものや、守るべきプライバシーはありますが、SNSカウンセリングは文字で行っているため、きちんと整理しておけば、過去の情報をすべて全国の心理カウンセラーが参考にすることができます。心理カウンセラーは専門家ではあっても、いつも100点の対応ができるわけではありません。80点の対応しかできなかったとすれば、欠けた20点をチームで共有して100点を取れるようにすればよいのです。

　従来の心理カウンセリングでは、「守秘義務」を盾に心理カウンセラー自身がブラックボックスにする傾向がありましたが、相談者のためになるのであれば、共有できる情報は共有していくことが必要だと考えます。

第3章　SNSカウンセリングの意義・展開

SNSカウンセリングに取り組んでいる人にとって大切なのは、社会の課題を少しでも解決して、悩みを抱える人にとって「いい世の中・住みやすい世の中」にしていくことです。自分のノウハウは外に出したくない、誰にも監視されたくないという人は、従来どおり個人で対面の相談を中心にするなど、それぞれに合った手法を選べばいいでしょう。

３．SNSカウンセリングの情報共有

　たとえば、教育委員会などの依頼で子どもたちを対象にしたSNSカウンセリングを行う場合、相談のやり取りは文字で残されています。このため、教育委員会の担当者は、相談を秘密にすることを理解したうえで、支援が必要な子どもがいれば、すぐにアプローチすることもでき、潜在下にあった子どもたちの悩みも表面に現れてきて、相談のやり取りを見るだけでも勉強になり、さまざまな対策を考えることができるという評価も得ています。

　実際、全国各地で、さまざまなSNSカウンセリングが行われていますが、個人が特定される可能性のある情報サービスは伏せて匿名化したうえで、これらのやり取りが１つのデータとして検索したり共有したりできるようになれば、これまでほとんど見えていなかった「相談の履歴」がはっきりと見えるようになります。心理カウンセラーの学びになるだけではなく、日本中の「何とか人々の悩みや問題を解決して、生きやすい社会をつくりたい」と考えているすべての人にとって、非常に貴重な財産になるのではないかと考えます。

　相談内容を共有財産とするためにも、個々の心理カウンセラーには自らの技術をしっかりと磨くことが求められています。

４．SNSカウンセリングの展開

　インターネット上のサービスの特徴は、ユーザーがおもしろい・役に立つと認めるや否やまたたく間に世界に広がり、何億人、何十億人とい

うユーザーを獲得することになります。SNSカウンセリングの歴史はまだ浅いものの、いったん有効性が認識されたことをきっかけに、急速に全国へと広まり始めています。

　SNSカウンセリングを一般的なサービスと同一視することはできませんが、2019年12月頃に始まった新型コロナウイルス感染症拡大による生活の困窮や、孤立という事情を考えると、「SNSを通じて誰かに相談したい」というニーズが増えているのはたしかです。このニーズに応えることを、行政機関も企業も強く求められ始めています。幸い、インターネットはいつでもどこにでもつながるため、きちんとした窓口と相談体制をつくることさえできれば、どこにいても相談することができ、心理カウンセラーも相談を受けることができます。

　SNSカウンセリングがめざすのは、日本中の悩みを抱えるすべての人が気軽に相談できて、悩みを解決し、自殺などを考えなくともよい住みやすい社会づくりです。SNSカウンセリングを担う心理カウンセラー自身がさらに勉強する必要があり、行政機関や企業としっかりと連携していく必要があります。解決すべき課題もまだまだありますが、一つずつ解決しながら、理想的なSNSカウンセリングの体制をつくっていこうと努力しています。

第3章　SNSカウンセリングの意義・展開

SNSカウンセリングに寄せて

~一般社団法人日本産業カウンセラー協会の会長をされた小原氏は、一般財団法人全国SNSカウンセリング協議会の産業部会の部会長を務めています。その経験から企業の中でのSNSカウンセリング、SNSカウンセラーのあり方についてお聞きしました。~

 ## 1. 企業の中でのSNSカウンセラーの相談業務

　企業においても新型コロナウイルス感染症の影響もあり、コミュニケーションの手段が大きく変わりつつあります。対面、電話、メールからWeb、SNS（LINE、Facebook、Twitter等）でのコミュニケーションにシフトされつつあります。

　また、産業分野でのメンタルヘルス・キャリアなどのカウンセリングにおいても同様です。これまで対面や電話相談などを主としてきましたが、利用者の立場からすれば、Webカウンセリング・SNSカウンセリングも、カウンセラーも企業も新たなツールとして積極的に受け入れていく必要があるでしょう。

　SNS相談を企業として導入することによって、声に出して話さなくてよい、電車の通勤時間等どこからでも利用できるなど、SNSの強みは、働く人のさまざまな局面での支援に活用される期待があります。

　自身のメンタルヘルスだけではなく、パワーハラスメントやセクシャルハラスメントなどの相談は、利用する人によっては、顔の見えない、匿名でも利用できるSNS相談のほうが利用しやすいかもしれません。また、少子高齢社会での若手社員の離職防止の相談にも、同じことが言えます。簡単に相談できるということは、事態がまだ深刻でない状況のうちに相談でき、未然防止につながります。これは、人事担当者・経営者にとっても、人財の育成・活用視点に加えて、人事リスクの回避という

点でもメリットがあるでしょう。

　一方、企業組織に認めてもらえる活動ができないと、企業でのSNSカウンセリングは広がらないと考えます。産業界に導入・定着できるかどうかは、働く人自身の課題対応だけでなく、働く人の職場環境改善に役立っている実感を経営者に与えることが肝要です。

　対面のカウンセリングとSNSのカウンセリングでは、どちらが有効かなどという議論もしばし見聞きしますが、あまり意味がないように思います。それよりも、顧客のニーズに合わせてカウンセリングの種類を提案していくことが大事だと思います。それがSNSカウンセリングの拡大につながると考えます。

　SNS相談が産業組織から信頼を得るためには、SNSカウンセリング業界としても、一定水準のカウンセラー有資格者を安定的に輩出することは当然ですが、その能力を維持向上させるための支援体制が必要です。この点は、全国SNSカウンセリング協議会はじめSNSカウンセラー養成団体のこれからの課題です。理屈上よいものであっても、現場で評価されなければ意味はありません。

　産業組織がSNSカウンセリングを導入する目的は、社員の育成支援、離職防止、そして、組織の活性化等の方策として投資することが多いと考えられます。他のカウンセリングでも同じですが、実施した結果どのように変わったのか、どのように改善されたのかは、投資効果として知りたいところです。検証した結果、改善が不十分なこともあるでしょう。その場合は、次の方策が展開できればよいのです。また、SNSカウンセリング拡大のために、守秘義務を守りながら成果を把握することの検討も急務です。

　全国SNSカウンセリング協議会の産業部会としては、「働く人が元気で明るい職場生活を送り、その結果として、生産性の高い企業・職場である」ことをめざして、SNSカウンセリングを普及していきたいと考えます。

　まだまだ始まったばかりの産業分野のSNSカウンセリングではありますが、今の時代、活用の場面は多岐にわたるでしょう。これからのカウ

ンセラーのコミュニケーションのチャンネルの１つになることは間違いないと確信しています。そのためにも、SNSカウンセラーには、専門分野も意識して研鑽してほしいと思います。

（話者）
一般社団法人日本産業カウンセラー協会　小原新　会長（全国SNSカウンセリング協議会　産業部会長）

 ## 2. これからの相談業務への姿勢

　私がダイヤル・サービス株式会社を設立したのは今から約50年前のことです。2019年９月には、創業50周年の記念パーティーも開催しました。

　私たちの活動のスタートは、子育て中の母親をサポートするための相談ダイヤルからでした。当時は、民間サービスが相談窓口を設立するということがなかなか理解されなかったため、非常に苦労もしました。行政から呼ばれ、警告を受けたり、嫌がらせを受けたり、嫌みを言われたりしたことなども、今でも忘れられない思い出です。

　しかし、私は決して負けることなく、立ち向かい続けました。そうするうちに、多くの人たちが私の活動を理解してくれるようになりました。電話相談サービスも軌道に乗り、行政などでの電話相談の請負業務も行うようになりました。

　SNS相談に関しては、まさにこれからの方法だと考えています。SNS相談については、もはや若い人に任せておくことにしていますが、どのような時代になっても、決して諦めることなく成長していくことこそが大切なのだと感じています。

（話者）
ダイヤル・サービス株式会社　今野由梨　代表取締役社長

巻末資料

厚生労働省自殺対策におけるSNS相談事業ガイドライン

　厚生労働省は、2018年3月、自殺防止を目的としたSNSを活用した相談事業を開始しました。本事業にあたり、SNS相談には対面相談とは違う技能・配慮が必要といった点を含め、自殺防止SNS相談事業実施団体のノウハウ等を集約・公開した「自殺対策におけるSNS相談事業（チャット・スマホアプリ等を活用した文字による相談事業）ガイドライン」を取りまとめています。著者は、本ガイドラインの作成に、有識者として関わっています。

　今後も、SNSなどの変化や相談の目的等に応じて、このようなガイドラインが作成され、また、進化していくことが、SNS相談の発信には欠かせないと考えます。

　本ガイドラインの特徴は、以下のとおりです。

---

①相談事業実施団体の責任者に対して、自殺防止SNS相談事業を行ううえで必要な相談体制等のあり方について提示
②相談員に対して、相談を行う基本姿勢、自殺防止SNS相談の特徴、相談の際の注意点等を提示
③相談員の研修の主な項目を示したうえで、研修で用いる参考資料、事例集を提示

　さらに、相談員への研修については、演習の中でロールプレイを行い、自殺念慮を持った人に十分対応できるようになってから実際の相談に入ること、相談員の対応ぶりについて、スーパーバイザーによる確認を手厚く行うこと、定期的に事例検討会等を開催し、相談技能の不断の向上に努めることなどが示されています。

　参考として、次ページ以降に本ガイドラインの内容を掲載します。

●自殺対策におけるSNS相談事業（チャット・スマホアプリ等を活用した文字による相談事業）ガイドライン（抜粋）

1．はじめに

　近年若年層の多くが、SNS（social networking service）を日常的なコミュニケーション手段として用いている現状を踏まえ、厚生労働省では、平成30年３月に補助事業として自殺防止を目的としたSNSを活用した相談事業（以下「自殺防止SNS相談事業」という。）を開始しました。

　当ガイドラインは平成30年３月の自殺防止SNS相談事業の実施団体の手順書や研修資料を基にそのノウハウ等を集約し、公開することで、社会資源としての自殺防止SNS相談事業の発展に資することを目的とするものです。

　SNSによる相談は、対面とは違う技能、配慮が必要であり、事業の実施に当たっては、電話等による相談業務の経験者であっても必ず、当ガイドライン等を利用した研修を行うことが望まれます。

　なお、当ガイドラインは、平成30年度厚生労働省補助事業「若者に向けた効果的な自殺対策推進事業」のSNSを活用した相談に関する作業部会において議論され、取りまとめられました。

【SNSを活用した相談に関する作業部会委員】

所　属・役　職	氏　名 （敬称略・五十音順）
NHK 放送総局 大型企画開発センター チーフ・プロデューサー	阿部 博史
NPO 法人 OVA　代表	伊藤 次郎
（一社）全国心理業連合会 代表理事	浮世 満理子
（公財）関西カウンセリングセンター 理事長	古今堂 靖
（一財）全国SNSカウンセリング協議会 代表理事 （（株）トランスコスモス 上席常務執行役員 公共政策本部 本部長）	三川 剛
NPO 法人 自殺対策支援センター ライフリンク 代表	清水 康之

巻末資料

NPO 法人 東京メンタルヘルス・スクエア 理事／事務局長	新行内 勝善
NPO 法人 BOND プロジェクト 統括	多田 憲二郎
（一社）社会的包摂サポートセンター	広瀬 麻弥
（株）LINE 公共政策室 副室長	村井 宗明
自殺総合対策推進センター センター長	本橋 豊（議長）

2．相談事業実施団体の責任者の方へ

Ⅰ．相談体制等

（1）相談員の体制

　相談者より自殺の宣言がある、または現在、自殺行動・自傷行為に及んでいる等の緊急対応の必要な相談が生じた場合、相談を直接受けている相談員は、当該相談対応に集中し、関係機関への連絡等を同時に行うことが困難になる場合があることから、できる限り、二人以上の相談員の体制で相談を受け付けることが望まれます。

　当ガイドラインでは、相談員は、対面や電話等による自殺防止のための相談業務やソーシャルワーク等の経験のある者や、心理カウンセリング等の資格・経験のある者を想定しています。

　なお、相談員とは別に、個々の相談対応を支援・管理するスーパーバイザー（以下SV）や、相談に対する連携した対応や関係機関へのつなぎの役割を担うコーディネーター（以下CO）を配置することも望まれます。

（2）多様な相談手段の用意

　SNSは緊急性がある場合の直接支援に適さない等、限界があります。電話、対面等、多様な相談手段をあわせて用意することが望まれます。

（3）支援団体等へのつなぎ

SNSを自殺防止相談の入り口として、相談者の抱える課題解決を図っていくためのリアルな世界での支援につなげていくことが重要です。このため、COを配置するなど、つなぎを行える相談体制を整備すると同時に、つなぎができる支援団体とのネットワークをあらかじめ構築しておくことが必要です。

特に、相談者を身近な地域で支えていくことが重要であることから、市町村の相談機関等との連携を深め、個人情報の扱いに留意しつつ、相談者とのやりとりを共有しながら対応できるよう関係を構築する必要があります。

また、支援団体等につないだ後も、リスクの高い人を中心に、一度つながった人への支援を途切れさせないよう、適切にフォローしていくことも重要です。

> 相談事例：自殺念慮を抱えて生活困窮にも陥っている30代男性
>
> 　人間関係が原因でアルバイトを辞めて以降、2日に1回しか食事が取れない状態になり、自殺念慮を抱えていた男性。「電話や面談で見ず知らずの人に相談するのは怖いが、SNSだからお試し感覚で気軽に相談できた」という。相談員が男性とSNSで1時間程度やり取りをして、その後電話での対応に切り替えた。所持金が底をつきそうだったため、翌日には相談員が面談もして、そのまま行政への同行支援を行った。生活保護等の支援につながり、本人の気持ちも上向いている。

（平成30年版自殺対策白書 p 73COLUMN2 「SNSを活用した自殺相談」清水康之氏より抜粋）

（4）緊急時への対応

緊急時の保護が必要なケース等に備え、支援の手順をあらかじめ整理しておくことが必要です。その際、事前に警察署等と打合せを行って、手順について合意を得ておくことが望まれます。

ある相談事業実施団体では、事前に相談場所の所轄警察署と協議を行

巻末資料

い、①緊急時には110番通報をするとともに、当該警察署にFax（誤送信のないよう注意）、②当該警察署の窓口となる担当者を決めておき、通報・Fax送信を報告・確認、③必要に応じて警察署員が相談場所に出向き事情聴取、④警察において必要な対応、という流れで対応を行いました。SNS事業者等からの発信者（相談者）情報の提供が必要な場合には、警察署への通報と同時にSNS事業者等にも連絡しました。

　なお、SNS事業者等からの発信者情報の提供については、「インターネット上の自殺予告事案への対応に関するガイドライン」に基づき行われています。

※インターネット上の自殺予告事案への対応に関するガイドライン
https://www.kantei.go.jp/jp/singi/it2/others/gaido.pdf

（5）相談員への支援

　命や暮らしの危機に関わる話を聴き続けることは、相談員にとって心理的に負担のかかる行為です。特に、「死にたい」「消えてしまいたい」などの自殺危機に関わる相談は、相談者が実際に自殺行動に至るかも知れないという緊張を伴い、相談員が一人だけで抱え込むには大きすぎるものです。また、SNSを活用した相談においては、理由がわからないまま途中で相談が途切れる等、相談員にとって特有のストレスも生じ得ます。そのため、相談員が、自分の心を守ることができ、バーンアウトすることのないよう、例えば毎日の終了時のミーティング等で相談内容の共有（デブリーフィング）を図ったり、希望する相談員には専門家と面談する機会を設けたりする等、相談員（支援者）への支援を意識的に行うことが望まれます。

（6）相談員への研修

　後述するようにSNSを活用した相談については、対面による相談とは異なった点が多くあります。また、自殺防止のためには、実際の社会資源へ結びつけることが必要であり、幅広く社会福祉制度や相談窓口を知っておく必要があります。そのため、相談員に対しては研修を実施し、

相談員が以下の項目を習得したうえで、相談に臨めるようにしてください。

　当ガイドラインでは、相談員は、対面や電話等による自殺防止のための相談業務やソーシャルワーク等の経験のある者や、心理カウンセリング等の資格・経験のある者を想定しています。研修内容についても、そのような者が相談を行ううえで、最低限必要な項目を列挙したものになりますので、相談事業実施団体の実情に応じて適宜内容の追加、変更を行ってください。他の研修や業務で習得済みの部分は、省略してもらっても構いません。

　演習の中でロールプレイを行い、自殺念慮を持った方に十分対応できるようになってから、実際の相談に入ってください。また研修終了後当分の間は、相談員の対応ぶりについて、SVによる確認を手厚く行うなどして、適切な相談体制の整備を図る必要があります。

　なお、初任者研修はSNS相談の入り口に過ぎないものですので、その後も定期的に事例検討会等を開催し、相談技能の不断の向上に努めることが望まれます。

【研修の主な項目】※各項目の参考資料については別冊 1 を参照

	項目	内容
1	相談を受けるに当たっての基本	基本的な話の聞き方や自殺念慮を持った方の心理や背景を理解し、対応方法について習得する。また、相談員のセルフケアの方法も習得する。
2	自殺・自殺対策に関する基礎知識	自殺の実態、自殺対策の基本的な枠組みを知る。
3	自殺対策に関連する社会資源	つなぎ先となる、各種窓口（福祉事務所（生活保護制度）、自立相談支援機関（生活困窮者自立支援制度）、保健所、精神保健福祉センター、児童相談所、婦人相談所、総合労働相談等）について、制度や機能を理解する。 注）つなぎ先は公的な窓口とは限らないが、まずは主要な公的窓口について理解を図る。
4	若者を取り巻くインターネット環境	若者を取り巻くインターネット環境、ネットトラブルや、若者の使用するコミュニケーションツールについて理解する。
5	ガイドライン	SNS相談の強み・弱み、文字による相談の注意点、相談の流れなどを理解する。

巻末資料

| 6 | システムの使い方 | 相談に使用するシステムの使い方を理解する。 |
| 7 | 演習（ロールプレイ含む） | 自殺念慮を持った人を想定して、相談対応の基本を実践的に習得する。 |

（7）効率性を考慮した相談の実施

　SNSによる相談では、相談のハードルが下がるものと考えられますが、その一方で、必ずしも緊急性の高くないものも含め多数の相談が寄せられる中、どの相談に優先的に対応すべきかを意識して実施することが必要です。

　SNS相談の受付方式には、相談の枠が空いたときに相談に入ってきた人を受ける方式や、受け付けた順番に順次対応していく方式等がありますが、相談事業実施団体では、相談者からのメッセージを見て緊急と思われる者を必要な場合には優先したり、相談の中でフォローアップが必要であると判断した場合に次回の相談日時を予約できる対応を行っている例も見られます。

　また、できるだけ多くの人からの相談を受けるため、アクセスしてきたものの一度も相談につながっていない人に相談事業実施団体側から呼び掛けをして相談を受け付ける（そのために使う回線を空けておき、相談の枠が自動的には割り当てられない状態にしておくことが必要。）、といった工夫をしている例が見られるほか、1回の相談の上限時間（「最大50分」等。）を定めている相談事業実施団体もあります。

Ⅱ．利用者に周知すべき事項等

（1）受付時間の限定等

　時間を限定して相談を受け付ける場合には、時間外に相談者が緊急の相談をするためにSNS等で相談を持ち掛けたものの、応答がないままに、不測の事態に発展してしまうことが懸念されることから、時間外には応答できないことを、自動応答機能等を用いて分かりやすく伝えなければならないと考えられます。また、これに加えて、SNS等を活用した

相談窓口の周知の際の配布物や利用開始時に相談者に確認を求める利用に関する案内（以下「利用案内」という。）等にこれらの点について相談者に伝わりやすいように工夫し分かりやすく明記し、周知することが必要不可欠と考えられます。

　また、災害などが発生し、相談を実施できない場合や相談日時を変更した場合は、その旨を告知することが必要です。そのため、災害時などに告知ができるような体制整備が必要です。

（2）相談内容の守秘

　相談者が安心して相談できるように、相談内容等のプライバシーが確実に守られることを明確に示すことが必要です。

　ただし、相談者の生命、身体等の安全が害されるおそれがある場合や相談者に関連した犯罪行為が行われている疑いがあるなど緊急の対応が必要な場合においては、たとえ、相談者から誰にも言わないでほしいと言われたとしても、当該相談者を守るために関係機関と情報共有しつつ対応する必要があり、事前に、利用案内等においてその旨相談者に工夫して示すことが必要です。

　また、相談者が学校の児童生徒であって、学校等に相談内容を伝える場合には、その後の学校や教職員の対応が児童生徒の望むものと異なり、相談した児童生徒をめぐる状況が悪化することがないよう、相談事業実施団体は、学校等と適切な情報共有を行うなど、児童生徒の意向を尊重しつつ細心の注意を払う必要があります。

（3）同時に多くの相談が寄せられる場合の対応

　同時に多くの相談が寄せられる場合には、すぐに対応できない場合があることを、自動応答機能や利用案内等で相談者に伝わりやすいように工夫し分かりやすく説明することが必要不可欠です。

　また、厚生労働省や民間団体等の支援情報検索サイトを紹介する等により、相談者が幅広い相談機関についての情報を得られるようにすることが望まれます。

巻末資料

（4）流出、拡散の防止

　SNS相談では、相談者によって相談内容が流出、拡散される可能性があります。意図的に抜粋され、拡散された場合に、本来の意図が伝わらずSNS相談の信頼性が損なわれる恐れがあります。そのため、相談開始時に相談者に同意を求める利用案内等に相談内容を流出、拡散させないことを記載する必要があります。

（5）仮名、匿名を用いる場合の対応

　本名を原則として相談に応じるところがある一方で、SNS相談では、相談者が匿名であり、相談員の名前を明かすことは、相談員のリスクになる場合があることから、予め決めておいた仮名や匿名を使うことも考えられます。仮名や匿名を使う場合でも、相談の段階に応じて、例えば相談支援につなぐ等の場合には、相談員も名前等を明かし対応することが必要となる場合も考えられます。

３．相談を行う方へ

Ⅰ．相談を行う基本姿勢

　以下は、SNSによる相談に限らず、対面・電話等を含め、自殺に係る相談を行う場合に留意しておく必要があります。

（1）生きることの包括的な支援、自殺以外の選択肢の提示

　自殺に係る相談は、『自殺へと気持ちが傾いている相談者が、本人が「生きる方向」に気持ちを向けられるよう、その可能性を発露させるために人として関わること（具体的支援を含む）』と表すこともできます。そのために、本人の自殺念慮に寄り添いつつ、本人の中に潜んでいる「生きたい気持ち（本人もその存在に気付いていないかも知れません。あるいはその意思はいまにも消えてしまいそうなくらい小さくなっているか

も知れません）」を本人と一緒に模索・確認し、そして、本人のその「生きたい気持ち」を動かすための一つとして、必要な具体的選択肢を提示するなどの「生きることの包括的な支援」を行うことになります。

　「もう死ぬしかない」と心理的視野狭窄に陥っている、相談者のその心細さや不安な気持ちに寄り添うことは大切です。それとともに、生きようとする気持ちが少しでも芽生え、生きようとするために、必要な支援を受けたいと相談員に思いを伝えた相談者に対しては、本人が視野狭窄から解放されるように「自殺以外の選択肢（支援策）」を具体的に提示し、本人が支援を受けることを選択できる可能性をあらゆる手段を通じて拡げていく必要があります。

（2）問題解決の先取りをしすぎず、相談者のつらさを共有する

　気持ちが通うやり取りは、相談員が相談者のつらさを知りたいと思い、つらさを共有しようとする関わりの中から生まれます。相談者の気持ちや状況について、相談員が想像や問題解決の先取りをしすぎず、「相談者のつらさを知りたい（教えてほしい）」という姿勢で傾聴し、相談者の今の気持ちを共有できているかを常に意識しながら対話を進めます。

　相談員の基本的な姿勢としては、相談者のことを具体的に想像するとともに、相手の気持ちを全て理解することはできないものの、「知りたい」「教えてほしい」という気持ちを持ち、相手のことを知った上で一緒に考えさせてもらう心構えで臨むことが望まれます。

　相談者のつらさや気持ちへの受け止めが足りないまま相談員が解決策を考え始めてしまうと、相談者としては「分かってもらえていない」という感覚に陥りかねません。

（3）あくまでも「決めるのは相談者」であることを自覚する

　相談者の言葉に耳を傾け、死にたいという気持ちに寄り添うことはできても、相談員が相談者の気持ちを無理やり変えたり、相談者の代わりに何かを決めたりできるわけではありません。あくまでも判断の主体は相談者自身であり、相談員ができ得るのは、相談者がより本人らしい判

巻末資料

断をするために気持ちを落ち着けるのを手伝ったり、より納得のいく判断をするために情報や選択肢を提示したりすることです。あくまでも最終的に決めるのは相談者自身であり、相談員が相談者の主導権を奪ってはなりません。

Ⅱ．SNS活用の強み・弱み

Ⅱ-1．強み

（1）コミュニケーションが苦手でも安心して相談しやすい

　相談者にとってSNSは「自分の存在を匿名化できるため、安心して相談しやすいツール」であり、とりわけコミュニケーションが苦手な人にとっては、電話や面談よりも本音を語りやすい媒体です（家族や周囲に聞かれたくない話もしやすい。）。これまで相談支援につながりにくかった人たちに比較的使いやすいツールとなり得、今まで相談するのに高かったハードルを下げ、そうした人たちを具体的な支援に迅速につなげるための非常に有効な「入口」となり得る可能性があることも、併せて理解しておく必要があります。

　対面や電話などでは相談しづらいという相談者がSNSでコンタクトしてきていることをふまえ、相談してきてくれた、つながってくれたこと（援助希求）自体を、まずは肯定することが有効です。

（2）様々な専門性を持つ相談員間でのチームプレーにより対応できる

　自分が詳しくない分野の対応が必要なときや、言葉づかいやニュアンスの受け取り方、反応に迷うようなとき、困ったときは、自分だけで無理に対応しようとせず、SVや相談員同士で相談者の見立てや支援方針を意見交換しながら対応することが有効です。

　また、その場に居合わせない専門家ともインターネットを通じて情報をリアルタイムで共有し、専門的なアドバイスを受けることが可能です。物理的に離れていても、情報を共有し意見交換しながら相談対応に

あたることができるため、包括的な支援を行いやすく、また相談員の人材育成にも有効です。

（3）過去の相談履歴を参照できる

　相談履歴が残るので、相談員が変わっても同じことを聴かずにすみます。ただし、相談員が変わって過去の相談履歴を確認するときは、基本的に相談者にそうすることの了解を得ることが望まれます。

Ⅱ-2. 弱み

（1）漠然としたやりとりとなり、認識がずれるおそれ

　「つらい」「死にたい」で終始する、「なにもかもやだ」「だれもわかってくれない」など具体的に語らず、質問しても答えてくれないなどの漠然としたやりとりに終始してしまうこともあったり、相談者との認識のズレに気づかぬままやり取りを続けて認識のズレを更に広げてしまうなどして、結果的に、相談者に「全然思いを受け止めてもらえなかった」と感じさせてしまうリスクがあります。そうしたリスクを常に意識しながら、SNSというツールをしっかりと使いこなす必要があります。

（2）人の存在感を薄れさせる

　SNSは自殺に係る相談を行うためのツールに過ぎません。「SNSで相談を受けること」が目的なのではなく、目的はあくまでも「自殺に係る相談を行うこと」です。向き合うべきは、画面上の「文字」ではなく、画面の向こうに存在している「人（相談者）」であることを忘れてはいけません。SNSは「人の存在感を薄れさせる・感じづらくさせるコミュニケーションツール」であることを、自覚しておく必要があります。

（3）SNS相談による限界も知る

　文字だけのやりとりとなるので、相手の状況を把握するのに時間がかかります。

巻末資料

SNSを活用した相談を行う意義は、SNSでないと相談できない層への
アウトリーチであり、電話・対面で相談する力がある人は積極的に切り
替えることも必要でしょう。相談者がSNS上のやりとりで満足してしま
い、相談の背景にある問題の解決を遅らせる可能性もあります。特に、
緊急性がある場合には、電話・対面相談の方が適切です。こうした観点
からは、SNS相談による限界を知ることも重要であり、電話相談や対面
相談に切りかえる用意があることが求められます。

Ⅲ．文字による相談の注意点

（1）オウム返しの多用には要注意、適宜質問を加える

　相談者の語ってくれるつらさに想像力を働かせて、つらさを受け止め
るよう努めることは重要です。一方、テキストベースの相談対応で、こ
ちらがおうむ返しを多用すると、相談者は、書いたことを繰り返されて
いるだけで内容を受け止めてもらえていない（コピペ的な対応）、適当
にとらえられている、と感じる危険があります。内容の反復が必要と感
じられるときには、受け止める言葉や質問を付け加えましょう。

（例）
- ○○でつらいのですね。どういった風におつらいのですか？
  よかったらお話いただけますか？

（2）相談者のテンポに合わせ、基本的には短文で応答する

　相手が文字を打ち込む速度を考慮しながら、相手が速い場合は速く、
遅い場合はゆっくり、応答することを心掛けます。
　また、文の長さについては、パソコン画面では短く見える文章でも、
携帯画面だと長文に感じることを考慮し、基本的には1文を短めにし
て、1文ずつ送りましょう。（こちらからの文章が長くなりそうな場合
や、重要なことを伝えたい場合、タイミングを見計らって、何文かに分
けて続けて返信することも考えられます。）

> （例）相談員＝相談員A、相談者＝B
> 相談員A：やる気が出なくて困っていることについては、
> 相談員A：周りの大人（親とか先生とか）には話せていますか。
> 　　　B：話してないです。
> 相談員A：一人で悩んできたんですね。
> 相談員A：つらかったですね。
> 相談員A：今日は勇気を出して、ここで話してみようと思ってくれたんですね。
> 相談員A：周囲の人にお話していないのは、なにか理由がありますか。
> 　　　B：迷惑かけたくないし、周りにはどう言えばいいかわからないです。

（3）言葉遣いと距離感について

基本的に「です」「ます」口調を推奨します。

　一方で、例えば、特に10代の相談者の場合、敬語を他者に使われる機会が少なく、敬語や丁寧すぎる言葉遣いは、距離感が生まれる場合もあると考えられます。こうした場合には、ややくだけた口調で話した方が親近感を持ってもらえて、相談しやすいと思われます。敬語を使わない方が話しやすいか、相談者に尋ねてみてもよいでしょう。

> （例）
> ▪「ご返信お待ちしております」→「お返事、待っています（ね）」

（4）返信に時間がかかりそうなときの対応

　深刻な内容などを受信して返信文の作成に時間がかかりそうなときは、そのまま返信を打つことに専念してしまうと相談者が放置されているような気持ちになりかねません。時間がかかりそうだと感じたら、そのことを相談者にまず伝えて、それから返信文をじっくり考えることが望ましいです。

巻末資料

（5）認識がズレてしまった場合
　相談者の伝えたいことと相談員の受け取ったことがズレてしまっていると気づいたときは、決してそのままにせず、そのことを素直に認めて、お詫びの気持ちを伝えるようにしましょう。

（例）
　・〇〇と受け取っていましたが、もしかすると△△でしたね。誤解していたようです、すみません。

（6）その他
①（　　）と・・の活用
　流れの中で自然に質問したり、こちらの気持ちを伝える場合、カッコ付けにすることも有効です。
　また、少し表現をやわらかくする場合、「そうなのですね…それはつらいですね」のように、「…」を使うこともできます。

②侵襲性の高い言葉
　被虐待や性被害など、相談者から発したとしてもそのまま返ってくるとつらい言葉があります。直接的な言葉を避けて返信しましょう。

（例）
　・［〇そのようなことがあり］［×レイプで］、つらい思いをしているんですね。

③なぜ／どうして

「なぜ」「どうして」の使い方に気を付けましょう。

> （例）
> ・× 「なぜ切ったの？」「どうして切ったの？」は責められている
> 　感じになってしまいます。
> ○ 「どういう気持ちになって切ったのですか？」など。
> ・× 「なぜ学校に行かないのですか？」
> ○ 「学校に行っていないのはどうしてですか。何か理由がある
> 　のかなと思いました。」
> ○ 「どうして学校に行くのが怖いのですか。よければ教えてく
> 　ださい。」など。

④絵文字、スタンプ

　絵文字やスタンプについては、人によって受け取り方が違うため、相談員の気持ちが誤解されてしまう可能性があります。そのため、積極的に使用することは避け、なるべく文章で相談を行いましょう。

⑤相談内容の流出について

　SNS相談においては、相談内容が記録として残ります。そのため、相談内容が、ネット上に流出する可能性も否定できず、相談内容が公開される可能性もあることを念頭において、相談を行う必要があります。

Ⅳ．相談の流れ

Ⅳ-1．相談の開始

（1）定型文の送信

相談員から定型文を送信し、相談を開始します。

定型文では、年代（年齢）・性別を聞くほか、相談の内容を選択肢か

ら選んでもらうことが考えられます。これは、できるだけ速やかに悩みや課題の本質に近づくための工夫です。

> （例）
>
> 　これからご相談をお受けいたします。
>
> 　相談員がお話をうかがいます。よろしければ、年代・性別と、「話したいこと（下から番号をえらぶ）を教えてください。
>
> 1　学校・いじめ
> 2　仕事・くらし・お金
> 3　暴力・いやがらせ
> 4　メンタル・からだ
> 5　恋愛・性・性別
> 6　いま死のうと思ってる
> 7　その他

　返答を受けて相談を開始します。

　数分待っても返信がない場合はその他のところから話し始めてもよいと促します。

> （例）
>
> 　・お答えしづらいようでしたら、お話しやすいところから教えて
> 　　いただけますか。

※以前相談したことのある場合

　過去の相談の履歴を確認していいかどうか定型文を使い相談者に尋ね、了解を得て続きの相談を受けます。

　前と同じ相談員に変わった方が良いような場合は、変わることも考えられます。

（2）名前・呼び名を聞く

　最初に名前を聞き、聞いた名前を違和感のない程度に文面に入れ込むことも、相談員とのつながりを感じてもらう上で有効と考えられます。

（例）相談員＝相談員A、相談者＝B

　・こんにちは、相談員のAです。

　　連絡いただき、ありがとうございます。

　　（あなたのこと、なんてお呼びすればよいでしょう）

〜妄想を助長するような名前やあまりにも呼びにくい名前があれば、「呼びにくいので」と再度聞く〜

　・本名でなくて大丈夫ですので、呼び名（ニックネームや下の名
　　前）を教えていただけませんか。

〜名前が聞けたら、やりとりの中で、

　▪Bさんのお気持ちをきかせていただけるとうれしいです。

（3）落ち着いて話ができる状況か確認する

　少しやりとりがスムーズではない相手に対しては、落ち着いてSNSで話ができる状況か確認しましょう（途中で通信が途切れるのを防ぐため。）。

（例）相談員＝相談員A、相談者＝B

相談員A：今落ち着いてお話できる状況でしょうか。

　　　B：ちょっと家の中で移動します。家族が部屋に入ってきた
　　　　　ので。

相談員A：わかりました。少し待ちますね。

　　　B：移動できました。すみません。

相談員A：大丈夫ですよ。まったく気になさらないでください。

巻末資料

Ⅳ-2．問題状況の共有等

　まずは、相談者の状況を聞き取り、問題を共有することが重要です。その際には、以下の点に注意して相談を行うことが望ましいと考えられます。

（1）傾聴

　傾聴、寄り添うとは、こちらが「共感した」「よりそった・よりそえた」と判断することではなく、「よりそってもらった」と相手が感じることです。このためには、以下に注意する必要があります。
①否定、批判しない。
②評価しない。（ジャッジしない）
③安易な励ましはしない。

　相談者に気持ちをはき出してもらい、「そうなんですね」「大変でしたよね」「しんどかったですね」と、受け止めましょう。
　なお、基本的に、相手の言語表現（漢字・平仮名も含め）に合わせて受けとめるとよいと考えられます。

> （例）
> ・相談者「辛い」→返信「辛いんですね」／相談者「つらい」→返信「つらいんですね」

（2）肯定・承認

　前述のとおり、SNSでコンタクトしてきているのは、対面や電話などでは相談しづらいという相談者も多いと考えられ、つながってくれたこと自体を肯定することが有効です。そうすることで相談者も安心して相談できる場であると感じることができます。

（例）
　・お話ししてくれて、ありがとうございます。
　　つらい時に、こうしてご相談してくださったのは、とても大切
　　な行動だと思いますよ。

　また、相談者が身近な他者や関係機関に相談することができた場合、
相談すること自体が、相談者にとってとても勇気のいるものであるた
め、その勇気と相談できた行動を肯定することが有効です。

（例）
　・（子どもに対して）：信頼できる先生に勇気をもってお話できた
　　こと、とても大切な行動だったと思います。

（３）ノーマライゼーション
　相談者は、「ぜんぶ自分が悪いんじゃないか」と視野が狭くなったり、
「死にたいと思うのは、いけないことなんじゃないか」と死にたいほど
つらい気持ちを抑圧しようとする場合があります。
　そのような時、視野を広げるような関わりや、気持ちを感じることへ
の抵抗感を軽減するような働きかけが大切です。

（例）
　・そのような状況では、死にたいほどつらいお気持ちになるのも、
　　無理もないことだと感じますよ。
　・人間誰しも強い孤独を感じると「死にたい」と思うこともある
　　と思いますが、あなたはどうですか？

（４）質問
　話の中で把握しておけると良いと思うことはたくさんあると思いますが、こちらのペースで聞きたいことを聞いていくのではなく、「相談者

巻末資料

171

のことを知る」「少しでも楽になるための方法を考えていく」ために、会話の中で少しずつ聞いていけると良いでしょう。

　相談員本位で聞きたいことなどを脈絡なく質問すると、相談者が「自分が本当に話したいこととズレている」「個人の情報を聞き出そうとしているのでは」と捉えられる可能性があります。相談者の理解につながると考えられる質問には、ワンクッションおく言葉を加えたり、質問する理由を伝えてから聞くようにしましょう。質問は、短くわかりやすい言葉を用いるように心がけ、話の流れで自然に尋ねるために、カッコ書きで伝えることも考えられます。「もしよろしければ、教えてもらえませんか」などの配慮も大切です。

（例）

- 教えていただいていいですか
- 確認なのですが
- 心配でおうかがいするのですが、生活のためのお金は足りていますか？
- 一人で抱えていたらと思うととても心配なのでおうかがいしますが、他の誰かに相談はできていますか？もしよろしければ教えていただければと思いました。(注：ダイレクトに「誰かに相談できていますか」と問いかけると、「他で相談できないからここで語っているのに」という不信感につながりかねません。)
- お仕事にも行きたくない気持ちがあること、心配に思っています。(お仕事をお休みすることなどはありましたか)

　質問に答えてもらったら、読んだからとそのまま次に進まずに、返答するよう心掛けましょう。「せっかく答えたのに流された」と感じられてしまう恐れがあります。

Ⅳ-3．問題の明確化、解決像の共有

（1）問題の明確化

　問題状況の共有等を行う中で、必要に応じ、「この中で特に困っているのは何ですか？」、「この中で何を一番解決したいとお考えですか？」と尋ねて問題を明確化します。

（2）解決像の共有

　問題の明確化を行う上で、必要に応じて、解決したい問題について、「○○さんとしては、どうなったらいいと思われていますか？」、「○○さんとしては、どうしたいと思っていますか？」と尋ねて具体的な解決像を明確化します。

（3）アドバイス

「私はこう思いますよ」などあくまで一つの考えとして伝え、押しつけてはいけません。物事の捉え方や考え方、価値観などには、その人のこれまでの経験や環境などが大きく関わっていることを頭に置き、まずは聴き受け止め、その後話していく中で、物事の捉え方や違った視点として、自分の気持ちや意見も伝えられるとよいでしょう（選択肢の一つや方法の中の一つだというように伝えられるとよい。）。

> （例）
> ・「例えば〜してみるのはどうですか？」、「〜と思いますよ。」、「〜という捉え方もあるのかもしれないと思いましたよ。」、「〜ということも一つかもしれないですね。」

　その後、「否定された」「批判された」「説教された」など感じていないかなど、反応をみます。「でも〜」という言葉が出たり否定的であれば、それ以上その提案をし続けることはせず、相手の反応をしっかり受け止めます（「〜は抵抗があるのですね。お気持ち教えてくれてありがとう

ございます。」)。そのうえで、「もし理由があれば教えてもらえませんか」
「どういうところから抵抗を感じたのしょうか。」などとその理由を聞
き、また一緒に考えていけるとよいでしょう。「ご自身ではどうしたほ
うがいいと思いますか？」、「本当はこうしたい、と思っていることは何
かありますか。」などと質問してみるのも選択肢のひとつです。

Ⅳ-4．死にたい気持ちについての質問等

（1）死にたい気持ちについての質問
　死んでしまいたいような気持ちをにおわせるような言葉が聞かれた
ら、死にたい気持ち（自殺念慮）があるかどうか尋ねます。こうした質
問をすることで自殺を助長しないか不安に感じるかもしれませんが、相
談者は、「死にたい」と言葉に出すことで重いものをはき出せますし、
誰にも言えなかったものを表出することで心が軽くなることがありま
す。また、相談員としても、今の危険度を確認の上、死にたい気持ちを
十分に話してもらうきっかけともなりますし、また、死にたいほどのつ
らい気持ちをしっかり受け止めますという表現でもあります。
　死にたい気持ちがあると回答があった場合は、具体的な方法なども考
えているか、いつ死のうと考えているか、時期も確かめます。

（例）
・終わりにしたい or 消えたい or もういいというのは、もしか
すると死にたい気持ちがあるということなのでしょうか？
・それだけのことが起きたらもう死んでしまいたいと思うことが
あっても不思議ではないと思ったのですが、○○さんはどうで
しょうか、心配なのでお伺いします。
・具体的な方法や、いつ死のうなどと考えることもあるのでしょ
うか？

　話してくれたら、伝えてくれたことを肯定的に受け止め、それを伝えます。

174

（例）
　・そこまで（思いつめ）考えていたのですね。
　・つらいことを話してくれてありがとうございます。
　・よく伝えてくれましたね、文字にするのもつらかったでしょう。

（2）自殺手段への接近を取り除く

　自殺手段が相談者の手に届かないようにするため、以下の対応が考えられます。

①相談者に、自殺手段を入手しないよう、働きかける。

②信頼する誰かに手段を一時的に預かってもらうなど、手段を遠ざけることを提案する。

③実際に、相談者の家などを訪問し、手段を取り除く。

④「自殺推進的」チャットルーム・ウェブサイトに訪れないよう、働きかける。

（3）「死にたい」という表現の裏側を聞く

　「死ぬ」という表現は現実的な深刻さとは別のニュアンスで使われることがあります。そのため、相談者の「死にたい」という表現を詳しく紐解いていくことで、本人の気持ちや困りごとを「死にたい」という言葉から距離を置いた適切な表現で伝えてもらうことも重要です。

　また、「死にたい」というような言葉でしか表現できなかった周囲の環境や背景も聞き取る必要も出てきます。困りごとを伝えても聞いてもらえなかった、矮小化されてしまったなどの経験が出てくることが多くあるからです。

Ⅳ-5．相談中特に生ずる困難

（1）返事が返ってこなくなったとき

話すことを考えている、話すことに抵抗がある、話すことが見当たら

巻末資料

ないといったことだけでなく、相談者が安心して相談を継続できる状況になくなった、他の友人からのメッセージが入り対応している、飲食・入浴などのための離脱、相談対応に不安があったなど、さまざまな要因が考えられます。しばらく待ってみましょう。

（例）
・（お返事できますでしょうか、待っていますね）
・（お話ししていただくのを、お待ちしていますね）
・（続けてお話ししてくださって、大丈夫ですよ）

　最後の返信から一定時間（例えば20分程度）待ってもコンタクトがない場合、予告の上で終了します。

（例）
・あと○分ぐらいしてお返事がない場合は、今回のこのやり取りを終了させていただきますね。
・お返事がないようなので、これで終了させていただきますね。

（2）対話が成立しないとき
　気持ちを一方的に伝えてくるなど、相談者との相互のやり取りが難しい場合、イタズラのような発言、「死にたい」「助けて」「もうだめだ」などを連続で送ってきて、こちらからの質問にも答えてもらえない場合などには、相談者のニーズを把握するために質問をしたり、場の意味を伝えたりして、相談者がどのような意図でつながってきたのか、話してくれるように促すような働きかけをします。

（例）
・こちらでどのようなことを相談したいと思っていますか。お気持ちやお考えを聞かせてもらえるとうれしいです。
・ここは、つらい気持ちや状況をお話ししていただく場です。も

> しよければお話を聞かせていただけませんか。

　相談としてのやり取りができないと判断した場合は、声をかけて終了します。

> （例）
> ・申し訳ありませんが、ご相談ではないようなので、今回はこれで終了とさせていただきます。

（3）動画やリンクURLが送られてきたとき

　相談の文脈からは突然と思われるリンクは基本的に開かないようにします（フィッシングサイトやアダルトサイトなどの危険性があるため）。前後の会話の脈絡から開かないわけにいかないような場合はなるべく他の相談員やSVと相談してから開きましょう。

（4）対応に迷ったとき

　自分が詳しくない分野の対応が必要なときや、言葉づかいやニュアンスの受け取り方、反応に迷うようなとき、困ったときは、無理に対応しようとせず、SVや相談員同士で相談者の見立てや支援方針を意見交換しながら対応してください。

　また、外部の専門家に意見を聞く体制が整っている場合は、外部の専門家に意見を聞くことも有効です。確認に時間がかかりそうな際には、「Ⅲ（4）返信に時間がかかりそうなときの対応」を参考に、時間がかかることを伝えます。

（5）相談内容が自分の経験と近い場合

　相談内容が自分の経験と近い場合、相談員自身の気持ちが不安定になったり、相談者に過剰な思い入れや投影をしてしまうことがあります。自分の経験の開示をして深みにはまってしまう可能性もあります。自己

巻末資料

177

開示は、共感を得るのに有効なときもありますが危険が伴うこともあるので、相談者の話を引き出しやすくするためなど、きちんと目的意識を持って行うことが必要であり、自己開示する場合はSVと相談しながらやり取りするのが望ましいでしょう。

違和感を覚えたら、できるだけ早い段階から、別の相談員と代わってもらうのなどの対応をSVと検討することが重要です。

Ⅳ-6．問題の解決

（1）支援の見立て

相談者とのやりとりを通じて、どういった方向で支援を行うべきかのおおよその見立てを行います。相談先等の情報提供だけで十分か、電話や面談等の相談に切り替えたうえでより緊密に支援を行うべきか、つなぎが必要か（必要であればどういった相談機関へのつなぎが必要・可能か）、あるいは緊急的な介入を行うべきかなど。少しでも迷ったときはSVと積極的に相談しながら支援の見立てを行うことが重要です。

（2）身近な人への相談

相談者が抱える問題について、「そのことを誰かに相談できていますか」と確認し、相談できそうな人が現実の世界で身近にいる場合は、その人に相談することを提案します。

（例）
- ○○さんの周りにいる大人に相談ができるとよいと感じていますが、相談できそうな大人はいますか。（例えば、学校の担任の先生、保健室の先生、スクールカウンセラーなど）
- 今、○○さんが死にたいと思うほどつらい思いをしていること、身体面にも不調が出ていることを、一度、保健室の先生に相談しに行くことができたらと思いますが、いかがですか。
- ○○さんは、保健室の先生に相談に行くことをどのように思いますか。お気持ちを聞かせてもらえたらうれしいです。

　相談に抵抗がある場合は、そのように思う気持ちや理由を聞き、相談を妨げている心的障壁を減らすようにアプローチします。

（例）
　　・学校の先生には相談したくないと思っているのですね。今の気持ちを教えてくれて、ありがとうございます。
　　もしよかったら、相談したくない気持ちについて、もう少しくわしく聞かせてもらえませんか。

（3）相談先等の情報提供

　相談者に寄り添う中で、問題を解決することでつらい気持ちが和らぐように感じられるとき、支援団体や行政窓口を紹介することが有効です。
　相談事業実施団体で用意した支援先リストを参考にしたり、SV や相談員が知っている支援先、その場で調べた支援先を伝えます。
　また、相談窓口情報等を悩み別に検索できる「支援情報検索サイト」（http://shienjoho.go.jp/）を活用することも考えられます。

（例）
　　・お話を伺いながら、○○などに相談してみたら、もしかすると今のつらさが和らぐかもしれないと思ったのですが、既に相談してみたことはありますか？

　ネット上では、公的機関からも様々な情報提供がなされており、相談者の理解を深めるためそれらの情報を紹介することも有効です。（相談事業実施団体では、例えば「こころの耳」（働く人のメンタルヘルス・ポータルサイト：http://kokoro.mhlw.go.jp/）について情報提供をしている例があります。）
　URL などは間違いのないものを送るよう PC でコピー＆ペーストして確実に開けることを確認してから送信しましょう。誤った情報を伝えてしまうと、「やっぱりダメか」と思わせることとなり、かえって逆効果

になりかねないので注意が必要です。

（４）つなぎ

　情報提供だけでその後の相談を相談者に委ねても解決までこぎつけることが困難だと感じられる場合、相談事業実施団体が相談者にふさわしいと考えられる支援団体と連絡を取り、相談者と相談しながら次の手立てを提案します。

（緊急時（相談者の生命等に危険が迫っている場合、児童の虐待が疑われる場合等）を除き、支援団体に連絡を取る場合及び個人情報を第三者へ開示する際は相談者の承諾をとりましょう。）

（例）
　　・○○さんのつらさを和らげるためにお手伝いできそうな人と継続
　　　的につながることができるかもしれません、いかがでしょうか？
　　・このままにしておくことがとても心配なので、今後のことをも
　　　っと一緒に考えたいのですが、いかがでしょうか

　支援団体へのつなぎ後も、相談事業実施団体として、相談者の状況について把握に努めることが望まれます。

（５）要フォロー扱い

　相談の中で解決しきれなかったことやその後の気持ちに課題が多く残っているように思われる場合、「要フォロー」扱いとしている相談事業実施団体があります。

　当該団体では、要フォローの案件は、SVが１週間ごとに４回（計約一か月後まで）その相談者からのアクセスを確認します。新たな書き込みやすぐに相談したい旨の連絡があった場合には、こちらから話しかけて再度相談につなげることができます。

　これは、相談者が非常に多い場合、再び相談したいと思っている人が再度つながることがかなり困難になるため、深刻な相談に関してはその

後のやり取りの余地を残すための工夫です。ただし、どの相談も要フォローにすることは避け、一回の相談の中でなるべく多くの気持ちや状況を聞いて受け止めるよう努力することが必要です。

　折り返しの電話番号を聞ける場合は、呼んでよい名前と電話番号と地域、電話に出やすい時間帯・出にくい時間帯をききます。電話を持っていない、音声通話は厳しい、そもそも電話の契約が切れている人などは、例えば折り返し用に通話アプリの友だち登録を勧めることが考えられます。

（６）緊急対応

　相談者が実際に自殺の手段を取ろうとしているなどの場合、現場に急行したり、警察や消防に通報して安全確保してもらったりするなどの、緊急対応が必要となります。相談事業実施団体において予め定めた手順に基づき対応することが必要です。

Ⅳ-7．相談の終了

（１）相談の終了に向けて

　つらい気持ちを受け止め、相談してくれたこと自体や、その勇気を肯定的に受け止め、エンパワメントを行い、必要があれば問題の解決を援助し、可能な限り双方の合意のもとで終了します。

> （例）
> ・こうしてお話してみて、いかがでしょうか（少し気分は落ちつきましたか？気持ちお話できましたか？）
> ・○分ぐらいお話してきましたが、どうでしたか？
> ・今日お話ししたいことは、話せましたでしょうか？
> ・お話を聞かせていただき、ありがとうございました。今日はこのあたりにしたいと思うのですが、いかがでしょうか？

　会話を終わらせたくない相談者が「あともう一つあるんですけど」な

巻末資料

181

どと話を広げたり、続けようとする場合があります。ケースバイケースで対応を検討するのが基本ですが、際限がなくなってしまいますので、「もう一つ話したいことがあるのですね。今日は○○（その日の主訴）についてお話をきかせてもらったので、そのお話はまた後日に相談してくれますか。(時間や期間の案内がさらにあると丁寧)」という関わりが望ましいです。

（2）終了時間

　終了時間の少し前には時間のことを伝え、なるべく終了時間内に相談を終えます。

（例）
　　・（この相談は23:00までなので、あと10分ぐらいで終わりになります）

　終了時間までの時間が限られている場合は、なるべく相談開始時に終了時間を伝えるようにします。

（例）
　　・この相談は23:00までなので、あと○○分ぐらいの時間となりますがよろしくお願いします。

（3）終了

終了時定型文を送信します。

（例）
　　・ありがとうございました。これで相談を終了します。
　　　この『○○チャット』は、2018年○月○日から○月○日まで、毎日17時00～23時00（受付終了22時30分）に相談を受け付けています。

> つらい気持ちの時は、またお話しできればうれしいです。
> チャット開設時間外につらい気持ちになったときは、下のメニューにある相談機関にもアクセスしてみてください。

（4）終了時の記録

終了したら、相談内容等について記録を残します。

4．参考資料

Ⅰ．応答例表

※応答例はあくまで参考であり、相談者の反応や文脈に合わせてアレンジして応答してください。

相手からの文章	応答例	備考
死にたい	・死にたいくらい辛いんですね。 ・どのようなことがあったか、お話することはできますか？	
死にたい気持ちになりました	死にたい気持ちになってるんですね。どういったことでそのような気持ちになったのか聴かせてもらえますか？	
死のうと思うんです	・何があったか聴かせていただけますか ・すごく苦しくなるようなことがあったのでしょうか。一緒に考えられたらと思いますが、いかがでしょうか ・相談に来てくれてありがとうございます。よかったらそう思われる気持ちをもう少し聴かせてもらえますか	

巻末資料

183

苦しくて消えてしまいたい…	・とても苦しくなることがあったのでしょうか。 ・そのことについて一緒に考えたいと思っています。もしよろしければ、苦しくなってきた頃の出来事を教えてもらえますか。	
楽な死に方を教えてほしい	楽な死に方を、とのことですが、それほど、つらく追いつめられたお気持ちなのですね。 こちらは、死にたいほどつらい気持ちを抱えながらも、つらさをやわらげる方法や問題を解決するための方法を探したり、一緒に考えたりする場所です。 もしよかったら、お話、きかせてもらえませんか。	
私が死んでも誰も悲しまない…	少なくともあなたと関わりを持った私は、あなたが死んでしまったら悲しいです。 またあなたと話がしたいです。	
何から話していいのか。話したいことがまとまりません。	ゆっくりで良いですよ。 話したいことを見つけることも重要ですので。 キーワード的に教えていただくのでも大丈夫ですよ	
うまくお話ができないかもしれません。	うまく話さなくて大丈夫です。 思い浮かぶことを少しずつ言葉にしていただけますか	
(相談員の年齢、性別などを尋ねられたら)	・同性でないと or 年齢的に近くないと、話しづらい内容など、理由がおありでしょうか？ ・すみません、私は女性（男性）ではないのですが、いま交代できるスタッフがいないので、私でよければお話をおうかがいしますが、いかがでしょうか。	すぐに答えず、相談のネックになるかどうか確かめる。相談内容が性的なことなどで相談員の性別が関係あるような場合、相談者には告げず、相談員を交代することも考えられる。
(相談員の資格、相談場所、時給等について尋ねられたら)	すみませんが、相談に関係すること以外はお答えできないことになっています。	

(出典) 自殺対策におけるSNS相談事業(チャット・スマホアプリ等を活用した文字による相談事業)ガイドライン
https://www.mhlw.go.jp/content/12200000/000494968.pdf

● 自殺対策における SNS 相談事業（チャット・スマホアプリ等を活用
した文字による相談事業）ガイドライン　隠語・若者ことば集

※若者同士の会話にでてくるもの。特にネットパトロールを行う場合等
に参考になります。

ことば	意味
タヒ	死
氏ぬ	死ぬ
逝って	死んで
眠らす	殺人
肝い	気持ち悪い
キモヲタ	気持ち悪いオタク
リスカ	リストカット、手首を刃物等で切る行為
アムカ	アームカット、腕を刃物等で切る行為
レグカ	レッグカット、ふくらはぎを刃物等で切る行為
手首ちゃん	リストカットの常習者
OD	オーバードーズ（薬物大量摂取）
MJK	マジか
メンブレ	メンタルやばい、メンタルブレイク
チキる	チキン野郎、臆病者
イキる	意気がる
ニコイチ	親友、仲が良い
バイブス	ノリ、フィーリング
ゲスい	下衆
テンサゲ	テンション下げ下げ
リムる	リムーブ（取り除く）する、フォローを外す
エモい	寂しい、悲しい又は感動した
かまちょ	かまってちょうだい
おK	OK
りょ、り	了解

（出典）自殺対策におけるSNS相談事業（チャット・スマホアプリ等を活用した文字による相談事業）ガイドライン
https://www.mhlw.go.jp/content/12200000/000494968.pdf

第2節 SNSロールプレイらいんこ（LINEcommunication）

1．SNSカウンセラーの需要の増加

　SNSカウンセリングが増加するなかで、相談に対応できるカウンセラーが不足している状況が生まれています。相談員としてSNSカウンセリングに臨むにあたっては、座学による基本知識と技術の習得だけではなく、ロールプレイ演習などで実践を積んでおく必要があります。

　株式会社アイディアヒューマンサポートサービスでは、SNSカウンセラー養成講座の受講者に、「ＳＮＳロールプレイらいんこ（LINEcommunication）」を提供しています。本システムにより、カウンセラー役とクライアント役を通じて、SNSカウンセリングの実際を体感できます。

2．「SNSロールプレイらいんこ」の受講概要

　まず、ロールプレイに関する条件を指定します。自身の希望する時間帯をクリックして、マッチング募集を作成します。自分の募集に対して、相手から申し込みがあった場合、または、他人の募集に対して自分から申し込みした場合、申し込みを受けた側が「承認」することで、マッチングが成立します。

　マッチングが成立すると、マッチング募集作成時に指定した開始予定時間の10分前から、ロールプレイの案内へ移動できるようになります。カウンセラー役の方から話しかけ、ロールプレイを開始します。ロールプレイが終わったら、カウンセラー役の方から、ロールプレイを終了させます。

　ロールプレイの進行中、スーパーバイザー（SV）が相談プロセスをモニターし、随時カウンセラーに働きかけます。SVは、カウンセラーの質問・受容・共感が適切でない場合や不足がある場合に、このようした方がいいのではとアドバイスしたり、どこに焦点を当てているのか、

どのように見立てているのかを確認したりすることで、カウンセリングがうまく進むよう補助します。

● 「SNSロールプレイらいんこ」の演習例　※相談内容は一部省略しています。

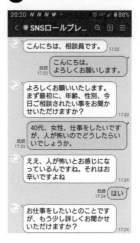 →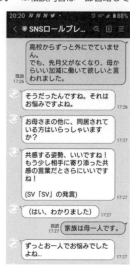

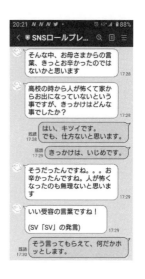 →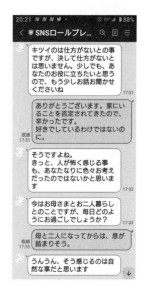

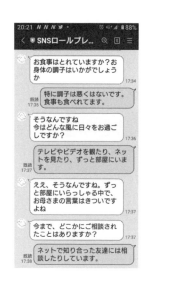

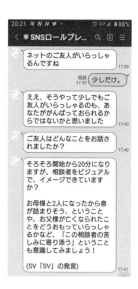

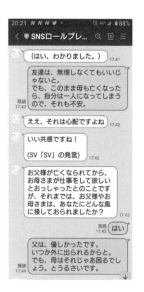

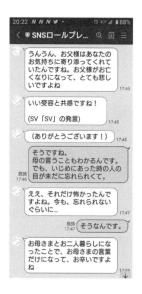

188

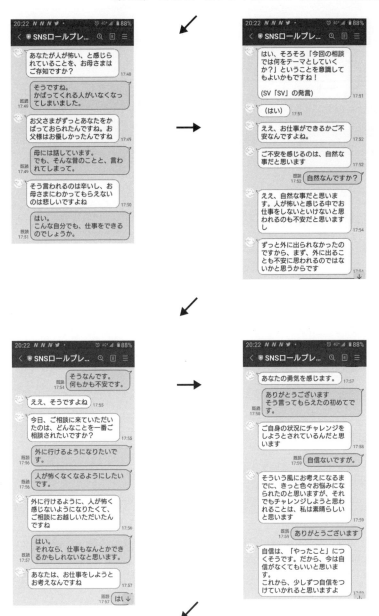

あなたが人が怖い、と感じられていることを、お母さまはご存知ですか？ 17:48

そうですね。
かばってくれる人がいなくなってしまいました。 既読 17:49

お父さまがずっとあなたをかばっておられたんですね。お父様はお優しかったんですね 17:49

母には話しています。
でも、そんな昔のことと、言われてしまって。 既読 17:49

そう言われるのは辛いし、お母さまにわかってもらえないのは悲しいですよね 17:50

はい。
こんな自分でも、仕事をできるのでしょうか。 既読 17:51

はい、そろそろ「今回の相談では何をテーマとしていくか？」ということを意識してもよいかもですね！

(SV「SV」の発言) 17:51

既読 (はい) 17:51

ええ、お仕事ができるかご不安なんですよね。 17:52

ご不安を感じるのは、自然な事だと思います 17:52

既読 17:52 自然なんですか？

ええ、自然な事だと思います。人が怖いと感じる中でお仕事をしないといけないと思われるのも不安だと思いますし 17:54

ずっと外に出られなかったのですから、まず、外に出ることも不安に思われるのではないかと思うからです 17:54

既読 17:54 そうなんです。
何もかも不安です。

ええ、そうですよね 17:55

今日、ご相談に来ていただいたのは、どんなことを一番ご相談されたいですか？ 17:55

既読 17:56 外に行けるようになりたいです。

既読 17:56 人が怖くなくなるようにしたいです。

外に行けるように、人が怖く感じないようになりたくて、ご相談にお越しいただいたんですね 17:56

はい。
それなら、仕事もなんとかできるかもしれないなと思います。 既読 17:57

あなたは、お仕事をしようとお考えなんですね 17:57

既読 17:57 はい

あなたの勇気を感じます。 17:57

ありがとうございます
そう言ってもらえたの初めてです。 既読 17:59

ご自身の状況にチャレンジをしようとされているんだと思います 17:58

既読 17:59 自信ないですが。

そういう風にお考えになるまでに、きっと色々お悩みになられたのと思いますが、それでもチャレンジしようと思われることは、私は素晴らしいと思います 17:59

既読 17:59 ありがとうございます

自信は、「やったこと」につくそうです。だから、今は自信がなくてもいいと思います。
これから、少しずつ自信をつけていかれると思いますよ

巻末資料

189

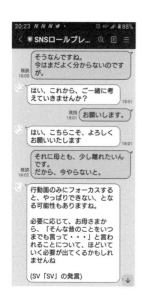

　参考として、P.185に「自殺対策における SNS 相談事業（チャット・スマホアプリ等を活用した文字による相談事業）ガイドライン」より、若者同士のSNSのやり取りにでてくる用語を掲載しています。

　また、主なSNS相談窓口は、以下のとおりです。

●SNS相談窓口等

①全国共通ダイヤル　２４時間子供SOSダイヤル
　文部科学省ホームページ
　https://www.mext.go.jp/content/20200527-mxt_jidou02-000007317_3.pdf
②SNS相談等を行っている団体一覧（2020年４月から）
　厚生労働省ホームページ
　https://www.mhlw.go.jp/stf/seisakunitsuite/bunya/hukushi_kaigo/
　seikatsuhogo/jisatsu/soudan_sns.html
③支援情報検索サイト
　厚生労働省自殺対策推進室ホームページ
　http://shienjoho.go.jp/

3.「SNSロールプレイらいんこ」の評価

　ロールプレイが終わると、評価者は下記の項目に沿って振り返り、評価します。点数は項目ごとに表示され、合計点が示されます。コメントは、評価者が自由に記載します。

● 「SNSロールプレイらいんこ」の評価例

> ### 1．SNSカウンセリングの印象や評価
> 　SNSロールプレイを行ってみて、どんな印象を持ったかを答えてみてください。
>
> 1－1．気分・体験
> 　1－1－1．肯定感
> 　　　4点　聴いてもらえた、わかってもらえたと感じた
> 　　　3点　尊重されたと感じた
> 　1－1－2．気づき・希望
> 　　　4点　新しい気づきや体験があった
> 　　　4点　希望や期待を感じられた
> 1－2．協働作業
> 　1－2－1．取り組み
> 　　　4点　取り組みたかったことを扱えた
> 　　　3点　一緒に考えながら取り組めた
> 　1－2－2．リズムやスムーズさ
> 　　　4点　やりとりのリズムがあっていた
> 　　　4点　居心地のよいやりとりだった
> 1－3．総合評価
> 　　　4点　全体として適切でよかった
> 　　　4点　今回の相談は価値があった

巻末資料

２．SNSカウンセリングスキル評価

SNSカウンセリングのスキルとして、どれくらいだと感じられたかを答えてみてください。

２−１．的確に相談の流れをつくれているか

    4点　相談開始の円滑さ

    4点　相談終了のタイミング（不必要に聴きすぎていないか）、円滑さ

２−２．カウンセリングスキル

    3点　受容・共感

    例）つらい体験をした相談者に、「つらかったね」

    3点　肯定・承認

    例）子どものことを案じている親に、「お子さんのことをとても大切に思っていらっしゃるんですね」・・・"心配ですね"は共感

    3点　的確な質問による会話の促進

    3点　要約

    4点　問題の明確化

    例）新入社員として入社3ヶ月の方に、「仕事が多くて終わらないと思われるのは、初めて取り組むことが多くて慣れていないからなのかもしれないですね」

    4点　この相談での目標の明確化

    例）新入社員として入社3ヶ月の方に、「では、この相談では、仕事の量が多い時にどうしていくか、ということを考える、ということでいいですか？」

    4点　次の行動につながる提案

    5点　勇気づけ・希望の喚起

    例）「きっとできる」「大丈夫」「1つ1つ積み重ねていけばいい」

３．減点項目

上記、1．印象や評価、2．スキル評価の合計点数から、下記の

事項にチェックがついた場合は減点とする。

３－１.

　　| チェックなし |　無理解と軽率さによる傷つけ発言

　　　　例：LGBTQ の相談者に対し、「同性愛はおかしい」、子
　　　　　　どもを亡くした人に「また産めばいいでしょ」、い
　　　　　　じめの被害者に「いじめられる側にも問題がある」
　　　　　　等の発言

　　| チェックなし |　その他の倫理違反が疑われる発言

　　　　例：医学的診断行為と誤解されうる発言／服薬の仕方に
　　　　　　関する不適切なアドバイス／常識を逸脱したスピリ
　　　　　　チュアルな発言、セクハラ発言、等

３－２.

　　| チェックなし |　離脱

　　（お風呂やご飯の離脱ではなく、このカウンセラーとはもう
　　やりとりしたくないと思った場合）

自由コメント

　　評価は、後半の仕切り直しのところからで入れさせていただきま
　　した。実際に自分が受けたケースを再現させていただきました。
　　最初は私もゲームにはまり、途中できりかえて仕切り直しをいた
　　しました。気持ちと現実がちぐはぐでとても苦しい方だと思いま
　　す。今回クライエント役をやらせていただいて、わかってもらえ
　　たと感じる質問や、相談員から言ってほしいことがわかりまし
　　た。自分の振り返りとして、勉強させていただきました。ありが
　　とうござました。

巻末資料

第3節 SNSカウンセラー認定登録制度

　全国SNSカウンセリング協議会ではSNSカウンセラーの能力要件を定め、安心・安全のSNSカウンセリングに取り組んでいます。

　また、SNSカウンセラーが遵守すべき「倫理綱領」を定めるとともに、倫理綱領に反する実践がなされた場合の懲戒手続きを「倫理規程」において定めています。

　SNSカウンセラーになるには、指定の心理カウンセラー資格を有する心理カウンセラーが、所定のSNSカウンセラー養成講座を修了することにより登録することができます。

　心理カウンセラー以外にも、キャリアコンサルタント、社会福祉士、精神保健福祉士等の国家資格保持者が所定の講習を修了することにより、SNSカウンセラーとして登録することができます。

　詳しくは全国SNSカウンセリング協議会のホームページをご覧ください。

　全国SNSカウンセリング協議会は2017年に設立され、2019年よりSNSカウンセラーの認定登録事業を行っています。

　昨今のコロナウィルスの感染拡大により、非対面の相談支援の必要性が増大しています。

　その中で、心理カウンセラーの資格を持つSNSカウンセラーによる心理相談援助のニーズも益々高まっています。

　全国SNSカウンセリング協議会では、SNSカウンセラーの資質向上、SNSカウンセリングの普及促進に向けて活動を促進して参ります。活動の趣旨をご理解頂き、積極的なご参加をお待ちしております。

一般財団法人全国SNSカウンセリング協議会

専務理事・事務局長

古今堂　靖

●一般財団法人全国SNSカウンセリング協議会会員団体一覧

※50音順（2021年3月31日現在）

- アディッシュ株式会社
- エースチャイルド株式会社
- 特定非営利活動法人 NPO亀岡人権交流センター
- 公益財団法人関西カウンセリングセンター
- ストップイットジャパン株式会社
- 認定NPO法人3keys
- 一般社団法人全国心理業連合会
- ダイヤル・サービス株式会社
- トランス・コスモス株式会社
- 一般社団法人日本産業カウンセラー協会
- 一般社団法人日本スクールカウンセリング推進協議会
- LINE株式会社

巻末資料

Memo

●著者・監修者紹介●

●著者
浮世　満理子（うきよ　まりこ）
全心連公認上級プロフェッショナル心理カウンセラー／メンタルトレーナー。アメリカで心理学を学び、帰国後、株式会社アイディアヒューマンサポートサービスを設立。プロスポーツ選手などのトップアスリート、サッカー J1 チームや五輪チーム、芸能人、企業経営者などのメンタルトレーニングを行うかたわら、多くの方にカウンセリングを学んでほしいと教育部門アカデミーを設立し、心のケアの専門家の育成も行う。全国心理業連合会代表理事。国や自治体と LINE を活用した無料相談を推進している全国 SNS カウンセリング協議会常務理事。著書のほか、TV にも多数出演。

●監修者
杉原　保史（すぎはら　やすし）
京都大学学生総合支援センター長、教授。教育学博士、公認心理師、臨床心理士。京都大学教育学部、京都大学大学院教育学研究科にて臨床心理学を学ぶ。大谷大学文学部専任講師、京都大学保健管理センター講師等を経て現職。全国 SNS カウンセリング協議会理事。著書に『SNS カウンセリング・ハンドブック』（編著）（誠信書房）ほか多数。

〈執筆協力〉
一般財団法人全国 SNS カウンセリング協議会
桑原　晃弥（くわばら　てるや）

SNSカウンセリングの実務 導入から支援・運用まで

2021 年 6 月 30 日　初版第 1 刷発行

著　者——浮世　満理子

© 2021 Mariko Ukiyo

発行者——張　士洛

発行所——日本能率協会マネジメントセンター

〒 103-6009 東京都中央区日本橋 2-7-1 東京日本橋タワー

TEL 03 (6362) 4339 (編集)／03 (6362) 4558 (販売)
FAX 03 (3272) 8128 (編集)／03 (3272) 8127 (販売)
https://www.jmam.co.jp/

装　　丁——織本光太 (©)
本文ＤＴＰ——株式会社 RUHIA
印刷・製本——三松堂株式会社

ISBN 978-4-8207-2911-2　C3011
落丁・乱丁はおとりかえします。
PRINTED IN JAPAN

JMAM の本

NLPで最高の能力が目覚める
コーチングハンドブック
知識と経験を最大化するセンスの磨き方

山崎啓支 著
A5 判・400 頁

コーチングやカウンセリング、セラピーにおいて、卓越した支援者になるためには「知識」「経験」に加えて「センス」が必要です。本書は、たくさんのプロコーチを受講生として抱える著者が抽出した、結果を出す"できる"コーチ（卓越した支援者）の共通する特徴（資質）をもとに、その高め方と真髄をまとめた1冊です。NLPの理論や基本の方法を織り交ぜながら、センスの磨き方から具体的に実践できるスキルまでをじっくり紹介します。

メンタル不調者のための
脱うつ　書くだけ30日ワーク

長谷川亮 著／**佐々木規夫** 監修
A5 判・200 頁

不調がひと段落して、いざ職場復帰をすることになっても、パフォーマンスが上がらなかったり、再び体調を崩してしまったり、といった方が後を絶ちません。実際に、復職後の再発率は5割近いといわれます。その大きな理由は、復職の準備が十分にできていないこと。また、企業側も、「復職OK」という判断基準が明確ではないケースが多いのが現実です。本書は、復職成功率85%のリワークプログラム（リヴァトレ）のエッセンスを詰め込んだ1冊です。

日本能率協会マネジメントセンター